国家社会科学基金项目"'区块链+'生态农产品供应链的融合创新研究"（18BGL100）结项成果

重庆工商大学市级"人工智能+"智能商务学科群丛书

"区块链+"生态农产品供应链的融合创新研究

胡森森 著

中国财经出版传媒集团

经济科学出版社

Economic Science Press

·北京·

图书在版编目（CIP）数据

"区块链＋"生态农产品供应链的融合创新研究/胡森森著．－－北京：经济科学出版社，2024.1

（重庆工商大学市级"人工智能＋"智能商务学科群丛书）

ISBN 978 - 7 - 5218 - 5626 - 2

Ⅰ.①区…　Ⅱ.①胡…　Ⅲ.①生态农业－农产品－供应链管理－研究－中国　Ⅳ.①F323.2②F724.72

中国国家版本馆 CIP 数据核字（2024）第 045446 号

责任编辑：李　雪　袁　溦
责任校对：徐　昕
责任印制：邱　天

"区块链＋"生态农产品供应链的融合创新研究
胡森森　著
经济科学出版社出版、发行　新华书店经销
社址：北京市海淀区阜成路甲 28 号　邮编：100142
总编部电话：010 - 88191217　发行部电话：010 - 88191522
网址：www.esp.com.cn
电子邮箱：esp@esp.com.cn
天猫网店：经济科学出版社旗舰店
网址：http://jjkxcbs.tmall.com
固安华明印业有限公司印装
710×1000　16 开　17.25 印张　201000 字
2024 年 1 月第 1 版　2024 年 1 月第 1 次印刷
ISBN 978 - 7 - 5218 - 5626 - 2　定价：76.00 元
（图书出现印装问题，本社负责调换。电话：010 - 88191545）
（版权所有　侵权必究　打击盗版　举报热线：010 - 88191661
QQ：2242791300　营销中心电话：010 - 88191537
电子邮箱：dbts@esp.com.cn）

《"区块链+"生态农产品供应链的融合创新研究》(18BGL100)为国家社会科学基金管理学领域最早立项的区块链课题,始于2018年6月,于2023年1月结题,结题等级良好。本书以该项目结题报告为基础,扩展改编成书。

在我们伟大祖国广袤土地上,全面推进乡村振兴的宏伟蓝图正在逐步变为美好的现实。谨以此书向所有为乡村振兴事业默默耕耘,无私奉献的奋斗者们致敬。

丛书编委会

总 主 编： 黄钟仪

编委会成员：（按姓氏笔画排序）

文 悦 白 云 吴 琼 吴航遥

周愉峰 胡森森 曾 波 詹 川

序 言

　　商务领域正经历着一场由智能化技术驱动的深刻变革，智能商务已成为引领行业发展的先锋力量、推动社会进步的重要引擎。重庆工商大学市级"人工智能＋"智能商务学科群于2019年获批，学科依托人工智能学科与工商管理优势学科的交叉融合，重点面向先进制造业、现代服务业和战略性新兴产业商务活动的大数据智能化升级需求，着力开展智能预测与决策、电子商务智能运营、智慧物流与路径优化、智能商务模式创新等方向的人才培养和科学研究。首批丛书包含我们最新的部分研究成果。

　　智能预测与决策方向包含三本专著：《不确定环境下的血液供应链运作决策：建模、优化与仿真》研究了不确定环境下国家血液战略储备库选址—库存鲁棒优化、采血点定位—资源配置集成决策的鲁棒优化、突发公共卫生事件应急血液转运—分配决策的双层规划、基于 ABM＋SD 混合仿真的血液供应链绩效演进与评价等若干关键问题。《灰色系统建模技术与可视化智能建模软件》探讨了灰色算子的作用机理，研究了灰色预测模型和灰色关联模型，实现了灰色系统建模技术的可视化。《不确定语言信息环境下群体智能决策方法研究》通过构建合理的决策模型和优化算法，研究了在不确定语言信息环境下，如何运用群体智能进行决策的问题。

智慧物流与路径优化方向包含一本专著：《面向汽车制造的精准物流研究》。该书基于精益思想研究了汽车制造中零部件供应环节的成本和效率优化问题，讨论了零部件从供应商出厂到零部件投料到主机厂工位全过程的物流优化，提出了基于工位编组驱动的汽车零部件入厂物流模式，设计了一套针对已经投产工厂的优化模型及一套针对新工厂的入厂物流体系设计模型。

智能商务模式创新方向包含一本专著：《"区块链+"生态农产品供应链的融合创新研究》。该书从"区块链+"生态农产品供应链融合创新的视角出发，揭示了区块链融合生态农产品的原理和机制，研究了生态农产品供应链的组织模式和信任机制，前瞻性地提出了面向数据共享的整合"数据、信任、平台、应用、治理"等五个维度的"区块链+"生态农产品供应链体系。

本系列丛书是智能商务学科群的部分研究成果，后续将推出涵盖电子商务智能运营、大数据管理与智能运营等研究方向的最新研究成果。希望这些研究能为相关领域的学者、政策制定者和实务工作者提供有价值的理论参考和实践启示。

感谢学校同意本学科群对本丛书的出版支持计划，感谢出版策划、作者、编者的共同努力，希望本学科的研究后续能够继续得到相关出版支持。小荷已露尖尖角，愿有蜻蜓立上头。希望本系列丛书能够得到学术界和实践界的关注和指导。

丛书策划编委会
2024 年 1 月

前　言

　　党的十九大提出的乡村振兴战略、加快推进农业农村现代化、促进农村一二三产业融合发展等一系列新思路、新举措，对于推动信息技术与生态农产品供应链的深度融合具有十分重大的现实意义。习近平总书记在中共中央政治局第十八次集体学习时指出，把区块链作为核心技术自主创新重要突破口，加快推动区块链技术和产业创新发展。《中共中央、国务院关于抓好"三农"领域重点工作确保如期实现全面小康的意见》强调要加快物联网、大数据、区块链、人工智能、第五代移动通信网络、智慧气象等现代信息技术在农业领域的应用。当前，我国有机生态农产品越来越受到市场的追捧和消费者的青睐。增加优质农产品供给，满足人民群众对美好生活向往，不仅是农业供给侧结构性改革"转方式、调结构"的需要，更是在新发展格局中构建农业"双循环"的迫切需要。

　　高端生态农业作为农业产业发展新的增长点，在农业生产数字化、农业产业数字化、农业经营数字化等方面的后发优势突出。然而，当前我国生态农产品供应链发展面临四大突出问题：①生态农产品流通的信息渠道不健全，信息化水平不高，数字化治理水平低；②生态农产品供应链主体之间信任机制缺失，利益联结机制不完善，造成供应链组织困难；③第三级数字鸿沟在农业生产体系和农业产业普遍存在，数据要素的作用尚待发挥；④消费者对生态农产品的信心缺失，导致劣币驱逐良币。

区块链技术以其去中心化、去信任的主要特征，正深刻影响着生态农产品供应链的发展。区块链作为价值互联网的基石，其独特的共识和信任机制为生态农产品供应链突破上述困境提供了新思路。供应链作为我国国民经济的基础性、战略性产业，"延长产业链、优化供应链、提升价值链"，加速与"区块链＋"的融合已成为推动我国农业数字化的必然选择。

《"区块链＋"生态农产品供应链的融合创新研究》（项目批准号：18BGL100），2018年获得国家社会科学基金一般项目立项，是管理学领域最早立项的区块链研究课题之一。本研究是一次探索性的研究，从"区块链＋"生态农产品供应链融合创新的视角出发，目的是试图揭示区块链融合生态农产品的原理和机制，改造生态农产品供应链的组织模式和信任机制，推动信息共享和经营模式创新，构建智慧农业和智慧供应链，让优质、优价的生态农产品真正实现"绿水青山就是金山银山"。

本研究在广泛调研了区块链与生态农产品供应链实践的基础

上，围绕数据、信任、平台、应用、治理等方面，前瞻性地提出了面向数据共享的"区块链＋"生态农产品供应链体系。主要研究成果如下。

第一，从技术接受理论、创新理论、交易成本理论、信息经济学、演化博弈论、供应链协同理论等管理学的基本理论出发，以"区块链＋"技术创新扩散面临的挑战为突破口，提出了生态农产品供应链信任构建和共识机制的计算范式，丰富和发展了数字赋能理论。

第二，区块链与生态农产品供应链分别代表了技术网络与组织网络，二者在网络属性和结构上具备耦合性。为了实现技术网络和组织网络的融合，提高生态农产品的信息透明度，研究报告提出了"技术信任"到"系统信任"的逻辑。构建了"区块链＋"生态产品供应链的体系。

第三，围绕供应链经营主体协同和信息共享行为，并充分发挥数据要素的作用，划分了供应链中各主体在数据要素生产和流转中扮演的角色。根据数据要素的参与角色，改进了区块链的共识机制和共识网络。构建了"区块链＋"生态农产品供应链体系的核心。

第四，区块链技术是生态农产品供应链经营主体面临的重大战略选择。围绕是否采用区块链技术，构建了"农企－电商平台"二级供应链模型，研究了供应链经营主体采用区块链技术的最佳时机；在大量实地调研基础上，发现并概念化了"区块链＋"认证溯源和"区块链＋"电商两种创新的生态农产品供应链经营模式。比较了在不同情境下，两种"区块链＋"的经营模式各自的优劣，揭示了供应链绩效最大化的条件。同时，为早期阶段采用区块链技术的农业企业和电商平台提供有价值的参考。

第五，生态农业发展不仅要立足于提升农产品质量安全，还应从政策体制上加以完善。本书提出了多元化的监管措施，实现从被动溯源升级为具备事前、事中、事后全监管功能的数字化供应链系统，形成对生态农产品供应链治理的全效监管机制。

研究成果的重要观点如下：

第一，"区块链＋"生态农产品供应链是现代农业与价值互联网深度交汇、有机融合的一项系统化工程。通过区块链技术信任到系统信任的赋能，提升了供应链主体之间的信任度，改善了供应链的组织、管理和服务水平。

第二，信任对于供应链而言至关重要。区块链的价值不仅在于计算机技术本身，更在于链接了供应链中的经营主体，解决了数字经济时代的信任难题，实现了数据要素的价值传递。

第三，"区块链＋"生态农产品供应链是技术网络与组织网络的深度融合，是通过技术要素产生数据要素，进而作用于生产要素，实现价值共创的过程。二者的融合是工业时代向数据时代更迭的选择，诱致制度变迁，形成技术面和产业面双重制度安排变化的结果。

第四，区块链的创新发展构建了一个由硬件和软件组成的

"技术创新、模式创新、应用创新"的闭环，通过不断迭代升级，驱动农业产业新模式和新形态的涌现，推动"区块链+"泛化的新经济发展。

胡森森
2024 年 1 月

目　录

第一章

绪　论

习近平总书记在党的十九大报告中指出："中国特色社会主义进入新时代，我国社会主要矛盾已经转化为人民日益增长的美好生活需要和不平衡不充分的发展之间的矛盾。"[①] 在农业生产领域，社会主要矛盾表现为人民日益增长的优质安全农产品需求与供应不充分之间的矛盾。发展现代生态农业，实现农业高质量发展，保障农产品质量安全，是时代的要求，是人民的愿望，更是实现伟大复兴中国梦的有效路径。

第一节　研究背景

一、生态农业产业发展背景

随着我国经济进入新常态、改革进入深水区、经济社会发展

[①] 中国政府网. 习近平：决胜全面建成小康社会　夺取新时代中国特色社会主义伟大胜利——在中国共产党第十九次全国代表大会上的报告［EB/OL］.（2017 – 10 – 27）［2024 – 1 – 8］. https：//www. gov. cn/zhuanti/2017 – 10/27/content_5234876. htm.

进入新阶段，农业发展的内外环境正在发生深刻变化，加快建设现代生态农业的要求更为迫切。党的十九大提出的"坚持人与自然和谐共生的社会发展战略"，为生态农业产业发展提供了前所未有的发展机遇。现代化的农业应是高效的生态农业，探索中国特色现代生态农业之路，将有力地推动农业增效、农民增收和农村经济的大发展。

（一）农业"转方式、调结构"的迫切需要

一方面，传统农业规模化扩张的同时，环境压力持续加大；另一方面，小农户和规模化生产长期并存，大幅提升劳动生产率和农民收入难度加大（黄季焜，2019）。当前，我国已进入农产品消费结构加快转型升级阶段，农业生产体系、农产品流通体系难以满足消费者不断增长的对食品安全、营养、健康等多样化与个性化需求。[①]

优质安全的生态农产品市场广阔、潜力巨大，为"转方式、调结构"提供了强劲的动力。在转方式上，有机生态农业可以推动农业发展由数量增长为主，真正转到数量、质量、效益并重上来，由依靠资源和物质投入为主真正转到依靠科技进步和提高劳动者素质上来。有机生态农产品的消费水平提高，也为农业"转方式、调结构"增添了新动能。在调结构上，生态有机农业可以根据市场需求变化和资源禀赋特点，科学优化种养结构、产品结

---

① 中国农业科学院．中国农业产业发展报告 2020［M］．北京：农业科学技术出版社，2020．

构、区域结构。中国实施生态战略、在"两山思想"指导下，推动农业生态化转型，为可持续发展的新模式提供实践支持。生态化不仅是人类文明的出路，也是农业走出困境进入可持续发展的核心要义。

（二）农业"双循环"的迫切需要

当前，世界格局正经历深刻变革，全球经济复苏与不确定性并存，贸易保护主义抬头，全球化进程出现逆流现象。党的十九届五中全会提出加快构建以国内大循环为主体、国内国际双循环相互促进的新发展格局。高端的生态农业作为农业产业发展新的增长点，在农业生产数字化、农业产业数字化、农业经营数字化等方面的后发优势突出。根据商务部电子商务和信息化司发布的《2023 年前三季度中国电子商务发展报告》，2023 年前三季度，全国农村网络零售额 1.72 万亿元，同比增长 12.2%。其中，农村实物商品网络零售额 1.56 万亿元，同比增长 11.5%。全国农产品网络零售额 0.41 万亿元，同比增长 13.3%。

中国生态农业经过近三十年的实践，在新发展格局中，生态农业发展已经进入了与区域经济、产业化和农村生态环境建设紧密结合的新阶段。生态农业参与构建农业国内循环，不仅衔接供需两侧，而且可以将农村发展、农民致富和环境保护、资源高效利用融为一体；生态农业参与农业国际循环，不仅主动拥抱全球农业发展，通过深化改革畅通农业"双循环"，还可以化解我国农业发展的结构性矛盾，有助于提升农产品的国际市场竞争力，并建立健全中国农业的产业链、供应链、价值链、生态链。

（三）数字乡村建设的契机

我国已开启全面建设社会主义现代化国家的新征程。2021 年 10 月 18 日，习近平总书记在中共中央政治局第三十四次集体学习时强调，要推动数字经济和实体经济融合发展，把握数字化、网络化、智能化方向，推动制造业、服务业、农业等产业数字化。2022 年 2 月，习近平总书记在《求是》发表《不断做强做优做大我国数字经济》①，文章再次强调要促进数字技术和实体经济深度融合，赋能传统产业转型升级，催生新产业新业态新模式，不断做强做优做大我国数字经济。

近年来，数字乡村协同创新发展为以区块链为代表的新兴信息技术在农业领域的落地应用提供了契机。一方面，数据要素推动技术、资本、土地等传统生产要素优化重组；另一方面，数据要素与农业产业广泛深度融合，倍增效应凸显。《数字乡村发展战略纲要》提出，推进农业数字化转型，打造科技农业、智慧农业、品牌农业②。在此基础上，2020 年 1 月，农业农村部印发《数字农业农村发展规划（2019 – 2025 年）》③，旨在

---

① 求是网．习近平．不断做强做优做大我国数字经济［EB/OL］．（2022 – 01 – 15）［2024 – 1 – 9］．http：//www. qstheory. cn/dukan/qs/2022 – 01/15/c_1128261632. htm.

② 中国政府网．中共中央办公厅　国务院办公厅印发《数字乡村发展战略纲要》［EB/OL］．（2019 – 05 – 16）［2024 – 1 – 9］．http：//www. gov. cn/zhengce/2019 – 05/16/content_5392269. htm.

③ 中国政府网．数字农业农村发展规划（2019—2025 年）［EB/OL］．（2019 – 12 – 25）［2024 – 1 – 9］．https：//www. gov. cn/zhengce/zhengceku/2020 – 01/20/5470944/files/b001fe6ca9e345f4ad4f954276d35fee. pdf.

加快推进农业农村生产经营精准化、管理服务智能化、乡村治理数字化。

区块链技术的集成应用在新的技术革新和产业变革中起着重要作用。2020年1月2日，中共中央、国务院印发的《中共中央、国务院关于抓好"三农"领域重点工作确保如期实现全面小康的意见》强调，要加快区块链等现代信息技术在农业领域的应用。① 2020年3月4日，中共中央政治局常务委员会召开会议，明确要加快5G网络、数据中心等新型基础设施建设进度。2020年4月20日，国家发改委首次明确新型基础设施的范围，主要是以人工智能、云计算、区块链等为代表的新技术基础设施，以数据中心、智能计算中心为代表的算力基础设施等。2021年3月，国家"十四五"规划和2035年远景目标纲要将区块链定位为新兴数字产业。2021年12月中央网络安全和信息化委员会印发的《"十四五"国家信息化规划》②，提出推进区块链技术应用和产业生态健康有序发展，将区块链技术与数字乡村发展行动摆在突出位置。以区块链为首的数字化驱动农业产业"换道超车"的时代正在到来。在此背景下，按照加快构建新发展格局、促进共同富裕的要求，研究"区块链＋"生态农产品供应链的融合创新发展具有重要的战略意义。

---

① 中华人民共和国农业农村部官网. 中共中央　国务院关于抓好"三农"领域重点工作　确保如期实现全面小康的意见［EB/OL］.（2020－02－05）［2024－1－9］. http：//www. moa. gov. cn/ztzl/jj2020zyyhwj/2020zyyhwj/202002/t20200205_6336614. htm.

② 中国政府网."十四五"国家信息化规划［EB/OL］.（2021－12－01）［2024－1－9］. https：//www. gov. cn/xinwen/2021－12/28/5664873/files/1760823a103e4d75ac681564fe481af4. pdf.

二、我国生态农业及生态农产品供应链的界定

（一）生态农业的界定

生态农业（Ecological Agriculture）最初由德国农学家鲁道夫·斯蒂纳（Rudolf Steiner）于1924年提出。在国外，生态农业又称自然农业、有机农业和生物农业等。生态农业是在自然的生态环境之下，不用农药、农膜、植物生长添加剂和转基因种子，尽量不用或使用少量化肥，并满足植物对水、热、矿物质的需求，是用自然生态的方法进行生产管理的农业。其生产的产品称为生态食品或有机食品。

1982年，叶谦吉（1988）教授在农业生态经济学术讨论会上发表了《生态农业——我国农业的一次绿色革命》的论文，第一次提出了中国的生态农业概念。其后的十年间，我国学者在广泛的生态农业实践中，总结出带有普遍性的经验，并把它上升到理性认识，初步形成了中国的生态农业理论。马世骏院士1991年拟订了我国生态农业的基本概念（李文华，2010）。马世骏院士认为，生态农业是在保护、改善农业生态环境的前提下，遵循生态学、生态经济学规律，运用系统工程方法和现代科学技术集约化经营的农业发展模式。

中国提出实施乡村振兴战略以后，生态化、社会化的现代农业融合互联网，形成了不同于传统农业的农业4.0时代。农业1.0对应殖民地大农场，我国因受资源禀赋硬约束，难以效仿其

走规模化农业道路。农业 2.0 对应设施化农业、工厂化农业，近年来面临高亏损和严重的环境负外部性。农业 3.0 对应三产化农业，因其与形态各异的自然条件和社会资源相结合而呈现出多元化。农业 4.0 即社会化生态农业。通过互联网等技术和工具，将农业多功能属性所内含的教育文化、历史传承等非经济功能凸显，带动农村经济回嵌乡土社会，农村经济回嵌资源环境，最终达到人类回嵌自然的生态文明新时代。

温铁军认为农业 4.0 其实是通过更大程度地利用互联网，实现市民广泛参与的"社会化生态农业"。简言之，生态农业追求的目标就是在洁净的土地上，用洁净的生产方式生产洁净的食品，提高人们的健康水平，促进农业的可持续发展，绿水青山就是金山银山①。按照"高产、优质、高效、生态、安全"的现代农业发展需要，我国将绿色食品、有机农产品、无公害农产品（以下简称"三品"，标志如图 1－1 所示）都划归为生态食品，并开展了无公害农产品、绿色食品和有机农产品的认证工作。从实际成效看，"三品"质量标准体系是农产品质量安全标准体系的重要组成部分，也是生态农业标准建设的典范②。生态农业是一个农业生态经济复合系统，将农业生态系统同农业经济系统综合统一起来，达到生态和经济的良性循环，实现经济效益、生态

---

① 新华网．"绿水青山就是金山银山"理念的科学内涵与深远意义［EB/OL］．（2020－08－14）［2024－1－9］．http：//www. xinhuanet. com/politics/2020－08/14/c_1126366821. htm.

② 中华人民共和国农业农村部官网．十二届全国人大三次会议第 1674 号建议答复摘［EB/OL］．（2015－10－09）［2024－1－9］．http：//www. moa. gov. cn/govpublic/ncpzlaq/201510/t20151009_4858325. htm.

效益和社会效益相统一。因此，它不仅构建人与自然共生、循环的关系，而且构建人与人之间的合作关系。

图1-1 "三品"认证标志

（二）生态农产品供应链及内涵

供应链是一个由物流、信息流、资金流共同组成的复杂系统，它将行业内的供应商、制造商、分销商、零售商、消费者串联。生态农产品供应链遵循安全、优质、生态、环保、可持续的生产理念，围绕"三品"的生产、收购、加工、配送等环节展开。生态农产品的生产者、交易商、采购加工企业、产品分销商、零售商和物流配送者以及最终消费者等构成的生态农产品供应链的网络体系。与普通农产品不同，生态农产品供应链以信息化和数字化为基础，一端连着科技，另一端连着农业，实现了生产体系、监管体系、质量体系以及治理体系的智能化，注重数量、质量、效益协调发展。一方面，生态农产品供应链实现了农业的智能化。充分利用智能传感器、遥感技术和地理信息系统、植物生长模型软件等信息软件和感知手段，对农业生产进行全流程跟踪式监管，以数据流驱动技术流、资金流、人才流、物资流，实现精准的农产品的种植、管理、采收、储存、加工、销售等。另一方面，生态农产品供应链也推动了农业的服务化。通过网络媒介、社交平台等低成本连接手段，消除物理隔阂、打通市场连接渠道，打造高度敏捷、个性化的农业产销生态系统，实现从简单的物质生产与销售向服务的转变，重塑农业与消费者之间的双向互动关系。

联合国粮食及农业组织（Food and Agriculture Organization of the United Nations，FAO）提出了生态农业产业链发展的十大要素，指导农业向可持续性转型。这十大要素包括五个偏重于自然科学属性的要素和五个偏重于社会经济属性的要素。五个偏重于自然科学属性的要素即多样性、协同效应、效率、恢复力和循环利用；五个偏重于社会经济属性的要素即共同创造与知识分享、人类与社会价值、文化与饮食传统、负责任治理以及循环与共享经济。十大要素相互联系、相互依存，共同促进生态农业产业链的发展。这些要素与现代科学技术融合，加上合理的制度设计和政策保障，为生态农业产业链提供了发展框架（如图 1 - 2 所示）。

经济社会的发展与科技创新同步促进了农业生产、产业以及经营方式的变革。生态农产品供应链的内涵包括三方面：一是基于农业可持续发展理念，从系统论的视角，遵循自然规律和经济规律，维护并提升复杂的农业生态系统的持续性、稳定性、生产性等，满足现代社会与国家的战略需求；二是生态农产品供应链引入最新科技成果和管理手段，既有常规的农业种植技术，也有与规模化生产相结合的农业软硬件技术，包括作物生长模型、农

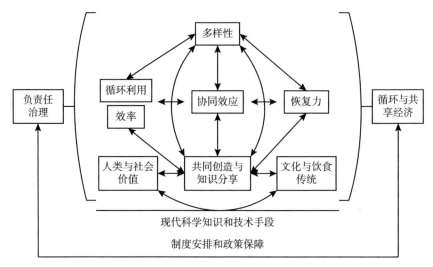

图 1 - 2　现代生态农业系统发展框架

资料来源：联合国粮食及农业组织。

业管理与控制平台、销售平台等；三是生态农产品供应链不仅强调产出更天然更安全的食物，而且强调农业产业链的延伸和价值链的提升，以数字化、定制化满足多样化、个性化的市场需求，既注重生态效益也注重经济效益。

三、区块链与生态农业的融合背景

近十年，全球科技创新进入空前密集活跃期，新一轮科技革命和产业变革正在重构全球创新版图、重塑全球经济结构。作为一种新兴的信息技术，区块链正深刻影响着全球治理、金融发展、生产服务的运营理念、组织和业务模式。区块链作为以去中心化方式集体维护可信的数据库技术，具有去中心化、防篡改、高度可扩展等特点，正成为继大数据、云计算、人工智能、虚拟现实等技术后又一项对未来信息化发展产生重大影响的新兴技术，有望推动人类从信息互联网时代步入价值互联网时代。

2016 年 12 月 15 日，国务院印发的《"十三五"国家信息化规划》①，首次将区块链列入国家信息化规划，并将其确定为战略性前沿技术。同年，在工业和信息化部的指导下，中国区块链技术和产业发展论坛成立大会暨首届开发者大会正式召开，会议发布了《中国区块链技术和应用发展白皮书》，建议及时出台区块链技术和产业发展扶持政策，重点支持关键技术攻关、重大示范工程、"双创"平台建设、系统解决方案研发和公共服务平台建设等。2017 年 10 月，国务院发布了《关于积极推进供应链创新与应用的指导意见》，提出利用区块链、人工智能等新兴技术，建立基于供应链的信用评价机制。

2018 年 5 月 28 日，习近平总书记在中国科学院第十九次院士大会、中国工程院第十四次院士大会上指出，以人工智能、量子信息、移动通信、物联网、区块链为代表的新一代信息技术加速突破应用②。2019 年 10 月 24 日，习近平总书记在主持第十八次中共中央政治局集体学习时强调，"区块链技术的集成应用在新的技术革新和产业变革中起重要作用。我们要把区块链作为核心技术自主创新的重要突破口，明确主攻方向，加大投入

---

① 中国政府网．"十三五"国家信息化规划［EB/OL］．（2016 – 12 – 27）［2024 – 1 – 9］．https：www. gov. cn/zhengce/content/2016 – 12/27/content_5153411. htm.

② 人民网．习近平：在中国科学院第十九次院士大会、中国工程院第十四次院士大会上的讲话［EB/OL］．（2018 – 05 – 28）［2024 – 01 – 26］．http：//jhsjk. people. cn/article/30019215.

力度，着力攻克一批关键核心技术，加快推动区块链技术和产业创新发展①。

习近平总书记的讲话坚定了区块链在国内的发展方向，再度提升了我国区块链产业热度。各地纷纷出台区块链相关政策，贯彻国家有关区块链发展战略，积极鼓励、支持区块链产业发展，推动区块链应用落地。麦肯锡的咨询报告显示，仅 2016 年资本市场就已经投入 10 亿美元，以加速区块链产品的研发。高德纳（Gartner）预测，除金融业外，区块链将为制造业和供应链管理行业带来万亿美元级别的潜在市场。根据赛迪区块链研究院的研究报告，截至 2019 年底，对 29 个省级行政区的调查显示，共出台了 149 条区块链相关政策规划，国内 12 个省市已经建设共计 26 个产业园②。随着政策与应用驱动下的区块链产业迅速扩张，产业链条基本清晰，产业聚集要素加速集聚，逐渐形成了一批产业创新基地、产业园、产业中心等聚集区。目前，区块链技术应用已延伸到数字金融、物联网、智能制造、供应链管理、数字资产交易、农产品追溯等多个领域（如图 1 - 3 所示）。通过区块链的智能合约实现资产的数字化，区块链正逐步实现在非金融领域的应用。

在农业领域出台的文件中，有关区块链的政策措施如表 1 - 1 所示。近年来，随着信息技术的飞速发展，特别是边缘计算、物联网、人工智能等新技术的成熟应用，信息技术在农业生产方面

---

① 人民网. 习近平在中央政治局第十八次集体学习时强调 把区块链作为核心技术自主创新重要突破口 加快推动区块链技术和产业创新发展［EB/OL］.（2019 - 10 - 25）［2024 - 01 - 26］. http：//jhsjk. people. cn/article/31421403.

② 工信部赛迪区块链研究院. 2018 - 2019 年中国区块链发展年度报告［R］. 2019.

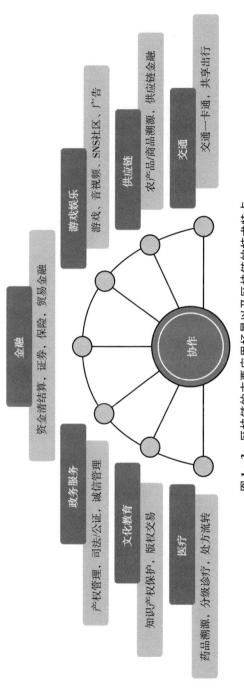

图 1-3　区块链的主要应用场景以及区块链的技术特点

资料来源：阿里研究院《信任经济的崛起——2020 中国区块链发展报告》。

得到了广泛应用。国内出现了围绕智慧农业的农业生产管理、农业经营管理、农业大数据管理及溯源系统等信息化管理手段。"区块链＋"农业作为未来价值互联网的基础服务，运用区块链思维构造新形态的农业数字信用体系、提升农业数据治理水平、建立农业相关各主体间的协作网络，已经初现端倪。

表 1－1   "三农"领域有关区块链的表述

文件	发布时间	提及区块链技术的内容
《国务院办公厅关于支持国家级新区深化改革创新加快推动高质量发展的指导意见》国办发〔2019〕58 号	2020 年1 月 17 日	加快推动区块链技术和产业创新发展，探索"区块链＋"模式，促进区块链和实体经济深度融合
《2020 年农产品质量安全工作要点》	2020 年2 月 12 日	谋划建设智慧农安平台，运用区块链等现代信息技术推动监管方式创新
《2020 年农药管理工作要点》	2020 年2 月 10 日	利用区块链等现代信息技术，加快构建全国统一的质量追溯系统
《中共中央 国务院关于抓好"三农"领域重点工作确保如期实现全面小康的意见》	2020 年1 月 2 日	依托现有资源建设农业农村大数据中心，加快区块链等技术在农业的应用
《数字农业农村发展规划（2019—2025）》	2019 年12 月 25 日	加快推进农业区块链大规模组网、链上链下数据协同等核心技术突破
《中共中央 国务院关于全面推进乡村振兴加快农业农村现代化的意见》	2021 年2 月 21 日	将加快区块链技术的研究进度，特别是将加大对基于区块链的农产品流通溯源的环节的技术研发
《北京市"十四五"时期乡村振兴战略实施规划》	2021 年7 月 31 日	要求发展智慧农业，大力推进应用场景建设，加快区块链等新一代信息技术在农业领域应用，推进农业生产经营和管理服务数字化改造

续表

文件	发布时间	提及区块链技术的内容
《农业农村部关于促进农业产业化龙头企业做大做强的意见》农产发〔2021〕5 号	2021 年10 月 22 日	鼓励龙头企业应用区块链技术，加强产品溯源体系建设，提高龙头企业数字化发展能力
《农业农村部关于拓展农业多种功能 促进乡村产业高质量发展的指导意见》农产发〔2021〕7 号	2021 年11 月 17 日	利用区块链等技术，加快网络体系、前端仓库和物流设施建设，把现代信息技术引入农业产加销各个环节
《社会资本投资农业农村指引（2022 年）》	2022 年4 月 2 日	鼓励社会资本参与数字农业、数字乡村建设，推进农业遥感、物联网、5G、人工智能、区块链等应用，推动新一代信息技术与农业生产经营、质量安全管控深度融合，促进信息技术与农机农艺融合应用，提高农业生产智能化、经营网络化水平

第二节　研究意义

近年来，经济全球化遭遇逆流，国际经济循环格局发生深度调整。一方面，新冠疫情加剧了逆全球化趋势，各国内顾倾向上升，全球产业链供应链发生局部断裂，直接影响我国"双循环"。另一方面，全球新一轮科技革命产业变革方兴未艾，物联网、智联网、大数据、云计算等新一代信息技术加快应用，深刻改变了生产生活方式，引发经济格局和产业形态深度变革，已成为发展数字经济的普遍共识。区块链将成为打造信任经济的新引擎，农业供应链场景被逐步激活，物理世界与数字世界将高度连通，数据和资产可信流转，激发经济增长内生动力。

农业农村部、中央网信办印发的《数字农业农村发展规划（2019—2025 年）》①，对新时期推进数字农业农村建设作出明确部署。规划明确提出加快推进农业区块链大规模组网、链上链下数据协同等核心技术突破，加强农业区块链标准化研究，推动区块链技术在农业资源监测、质量安全溯源、农村金融保险、透明供应链等方面的创新应用。以区块链技术为代表的新兴信息技术为生态农产品供应链协同创新提供了新的契机。

本书是在国家社会科学基金的支助下，围绕"数据、信任、平台、应用、治理"等方面进行了前瞻性、探索性研究，目的是试图揭示区块链赋能生态农产品供应链的原理和机制。对于区块链技术在农业领域的落地应用，有着迫切的现实需求，是国家社会科学基金项目中最早探索区块链与实体产业融合的管理学领域新颖的课题之一。

一、理论价值

区块链融合生态农产品供应链是以新一代信息技术②（next generation ICT）研发应用为基础支撑，以实现农业产业全流程数

---

① 中华人民共和国农业农村部官网. 数字农业农村发展规划（2019—2025 年）[EB/OL].（2020 - 01 - 20）[2024 - 1 - 9]. http：//www. moa. gov. cn/govpublic/FZJHS/202001/t20200120_6336316. htm.
② 新一代信息技术是以下一代通信网络、工业互联网、云计算、区块链、人工智能等为代表的新兴信息技术群，它是信息技术的纵向升级，也是信息技术的横向渗透融合。

字化、信息化、智能化为目的的技术范式①革新。本书研究的理论价值有如下三个方面。

（一）有助于弥补和完善学术界在农业供应链信息化方面的顶层研究

"区块链+"生态农产品供应链是现代生态农业与价值互联网深度交汇、有机融合的一项系统化工程。生态农业在资金、技术、人才方面有得天独厚的优势，在农业信息化和农业供给侧结构性改革中可以起到引领和示范作用。顶层设计将有利于农业增效、农民增收，依靠信息技术提升生态农产品供应链信任度、组织、管理和服务水平。有利于资源跨界、跨域、跨时的合理配置与优化调度，促使整个产业链向规模化、智能化、信息化、精准化、品牌化、可溯化模式发展。利用区块链不可篡改的特性，有利于解决数据交换中的权属、定价、安全等关键问题。有利于丰富和完善生态农产品供应链的数据开放形式和数据共享的激励机制，统一数据标准，摆脱数据对平台的依赖，实现信息互联共享。

（二）有助于拓展新的研究领域，在"区块链+"生态农产品供应链下，商流、物流、资金流、信息流产生的协同效应将引起生态农产品供应链组织模式的重构

区块链开启了价值互联的共享经济时代，必然引起生态农产

---

① 技术范式（technology paradigm）是指那些能够在一段时间内为实践共同体提供典型解答的科学技术成就。技术范式跃迁是一种系统性的技术创新。它导致了一系列的产品创新、工艺创新、组织创新和管理创新，给大部分组织和个体带来了生产率的显著提升，创造了非同寻常的投资和盈利机会。

品供应链的组织模式的创新和服务方式的变革。在价值互联网背景下，有利于确定生态农产品供应链信息流、物流、资金流、商流各个环节主体的目标。有利于创新组织模式和运作方式，特别是研究如何将数量巨大且地域分散的从事生态农业的小农户融入生态农产品供应链系统中，促进农产品供应链紧密的纵向协作和一体化。在"区块链 +"生态农产品供应链融合过程中，有利于研究政府、企业、农户等主导方式在技术扩散方面的适用性。多样化的区块链技术扩散机制相互协调，共同发挥作用，共同推动技术和经济不断互动和融合。

（三）有利于构建创新驱动的生态农产品供应链大数据信息流模型

依靠区块链本身的共识机制与智能合约，有利于建立持续稳定的采购供应关系，促进流通，使供应链的各环节信息透明，利益关系和责任明晰。依赖区块链的分布式数据库系统，以大数据的视角，有利于从运作层关注生态农产品供应链上下游主体之间的需求、生产、流通、销售等方面的协同。

二、实践意义

区块链融合生态农产品供应链以数字赋能农业生产体系、产业体系、经营体系，推进农业产业的服务化延伸，为解决"三农"问题提供内生动能。本书研究的实践意义表现在如下四个方面。

（一）在农业供给侧结构性改革的背景下，本书将有利于生态农产品供应链协同

从经济学特性上来说，区块链是一个权力分散且（或接近于）完全自治的系统。研究共识机制与智能合约建立持续稳定的采购供应关系，促进流通，使供应链的各环节信息透明，利益关系和责任明晰。生态农产品供应链活动具有不确定性和决策的复杂性的特点。依赖区块链的分布式数据库系统，以大数据的视角，从运作层关注生态农产品供应链上下游主体之间的需求、生产、流通、销售等方面的协同。从战略层以概念模型和协同管理思想为依托，定性或定量的分析生态农产品供应链协同的关键因素、预期协同价值收益和协同机制等。构建和完善集信息采集、质量管理、咨询决策、风险评估、市场预测为一体的信息系统。

（二）有助于建立生产者、经营者与消费者之间的信任机制，推动生态农产品供应链的良性发展

去中心化的区块链，用技术手段实现了为交易背书，有利于解决长期困扰农产品供应链的信息共享难、信息共享贵、信息共享慢、信息不对称的问题。去中介化使生产者与经营者、消费者直接对接的机会增加。有利于构建各个交易主体的信用评价体系，强化共识机制。有利于从环境、组织、制度、渠道、品牌等方面，研究信用评价体系的动力机制。有利于信用预警机制充分调动市场自身的力量净化环境，降低生态农产品供应链风险。

（三）有利于解决分散农户和大市场之间信息不对称的矛盾，化解生态农产品交易的市场风险，节约交易成本、提升产业组织绩效

发挥互联网平台资源、区块链分布式数据库资源的优势，有利于生态农产品的市场培育。以前端的海量数据反哺生态农产品电商供应链，精准了解消费者需求，研究预售、团购、订单等模式，完善生态农产品价值链终端。以区块链点对点和自组织的方式，优化资源配置，降低成本，建立农产品供需主体的信任机制，有利于生态农产品终端信任模式的创新，实现生态农产品不仅种得好、管得好，而且叫得响、卖得好，共同获得市场溢价。

（四）有利于中国智慧农业与数字乡村融合发展

目前，数字农业基础设施建设、数字农业人才培育、农业数据分享体系以及相关法律法规保障方面还较为薄弱，智慧农业与数字乡村的融合发展也面临不小的挑战。智慧农业与数字乡村融合发展的根本保障是政府在前期投入的基础设施建设和提供的相关政策支持，客观条件是以数据为生产要素来降低成本和信息不对称程度。外在表现是通过完善供应链，实现农民的自我"造血"功能，核心功能是由信息技术进步带来的经济活动信息化，从而实现两者相互促进和互利共赢。

第三节　国内外研究现状及分析

一、生态农产品供应链发展现状及研究动态

（一）生态农产品供应链信息化协同研究

供应链协同是以实现供应链的整体利益最大化为目标，通过信息交换与共享、同步决策、合理分配利益等方式，供应链主体之间进行的有效协作（Barratt，2004；Antoinette，2015）。在生态农产品供应链管理实践中，信息技术在组织层面、技术层面、信息层面、资源层面、业务层面发挥的协同作用越来越显著。

当前，我国城乡的数字鸿沟已经由基础设施差异的第一级数字鸿沟转变为信息获取能力差异的第二级数字鸿沟。尽管农户获取信息的渠道逐渐由过去的口头传播向互联网发布转变，但农村地区信息获取能力依旧不足。信息是生态农业的生产者、经营者进行生产、经营决策的依据，信息对于面广而分散的生态农产品生产经营的主体显得更为重要。因此，原农业部在深入推进"互联网＋"战略时，提出到2018年所有的公共数据要基本实现共建共享（万宝瑞，2015），并且在未来三年对全国农民普及智能手机相关教育（屈冬玉，2016）。

先进的信息管理方法使农产品供应链节点之间更容易建立协

同关系，使供应链整体向着系统化、集成化、精益化方向发展。新兴的区块链技术可以渗透到农业产业链的各个环节，依托互联网将农业产前、产中和产后联系起来，成为促进现代数字农业发展的重要手段。根据数据流的不同阶段，可以将数字农业领域适用的信息技术划分为信息采集技术、信息传输技术、信息处理技术、信息管理技术、信息服务技术和信息应用技术（李道亮，2007）；按照信息技术类型分为物联网技术、大数据分析与应用技术、云计算技术和移动互联技术。

我国农业生产与供应链效率的提高路径，必须以信息流来管理、监督与控制农业供应链全流程，构建以信息流、服务流、物流交易智能处理系统为主的农产品虚拟物流中心（冷凯君，2020）。一方面，信息技术直接作用于传统农业，改变了农业生产方式，节约资源投入，从而提升生产效率和农产品附加值，进一步促进了传统农业向现代农业的转变；另一方面，信息技术的应用创新了农业生产者的生产思路，以精细化管理、集约化投入和"质与量"并重的可持续发展理念，满足社会发展需求。

许多学者研究了农产品供应链的协同模式。周树华等（2011）和赵晓飞等（2012）分别提出，在构建农产品供应链信息管理体系的过程中，需要将连锁超市信息管理系统功能、农产品采购和流通关系信息管理功能和生鲜农产品社会公共信息管理功能集成起来，构建"三位一体"的信息管理系统。彭建仿（2017）研究了"农户+农业合作组织+标准化生产基地+龙头企业"的供应链协作模式，提出"整合集成、协同响应、价值共创、共生共享"逻辑递进的协同关系。在信息不对称、生产和需求不确定等问题突出的现状下，"公司＋农户"的长期合作模式可以抵御风险，减少不确定性（冯春等，2018）。张标等（2017）研究了"互联网＋"农业组织模式及运行机制，比较分析了政府主导、企业主导、自主选择三种不同组织模式下的"互联网＋"农业协同机制，并构建了"互联网＋"农业协同的评价模型。

（二）生态农产品供应链信任机制研究

生态农产品区别于普通农产品，生态特性需要达到一定标准才能标称生态农产品。生态特性虽是消费者所关心的农产品质量的一个重要内容，但它并不直接显现在农产品的外观上，在交易时很难为消费者所鉴别，在时间上具有滞后性，容易造成"劣币驱逐良币"。建立持续稳定的信任关系是提升生态农产品附加值，并最终解决生态农产品经营和流通难题的关键。因此，销售终端与生产、加工和流通各环节的合作伙伴建立长期稳定的相互协作关系至关重要。

新古典主义经济学认为，信任仅仅是促使生产与交换顺利运转的一种润滑剂[①]。20世纪80年代以来，新制度经济学、信息经济学、博弈论等学科理论逐渐融入主流经济学的分析框架。乔治·阿克尔洛夫（George A. Akerlof）、大卫·克瑞普斯（David Kreps）和埃里克·史塔克·马斯金（Eric Stark Maskin）、罗伯

---

① Hayek, F. A. Von. The Pretence of Knowledge [J]. American Economic Review, 1989, 79 (6): 3 - 7.

特·阿克斯罗德（Robert Axelrod）等经济学家从社会系统的思维视角出发，采用博弈分析、经济计量分析、经济实验分析、历史制度分析，以及数理演绎分析等方法，探讨了信任建立、维持与演化机制。随着社会流动性的增加，越来越多的学者认为信任关系呈现出认知性信任的特点。绝大多数经济学家认为，较高的信任水平不但可以降低交易成本，而且可以提高社会组织的运行效率。

生态农产品供应链的信任特质表现在两个方面：一方面在供应链内部，各个供应链主体之间需要信任机制进行维护（Narasimhan，2010）；另一方面在供应链终端，消费者要有足够的认同感和购买意愿。在对生态农产品供应链合作关系的研究中，许多学者采用博弈论从导致博弈合作均衡的无名氏定理（folk theorem）的证明和扩展、声誉机制的形成、合作机制的演进等几个方面进行了深入的研究。宋华等（2022）研究了区块链在供应链金融中的创新趋势，他们认为供应链网络信任关系的构建是一个行动者冲突产生与化解的动态过程，并经历了洞察信任危机、动员信任主体、整合信任要素、构建信任体系等四个阶段。叶初升（2005）从微观和宏观两个层面，对现代经济学研究信任问题的最新进展作了理论梳理，研究了信任的实质，信任的建立、维持和演化机制，信任水平的决定因素，信任与经济增长之间的相互关系。

朱峰等（2011）认为我国生态农产品供应链主体之间利益联结机制不完善、信任机制缺失、合作化水平低、渠道关系不稳定。于宁等（2010）分析了我国农产品流通中的网络建设和信任问题，提出利用社会关系和网络机制、加强中间商组织建设，完善农产品流通网络和提升信任度。陆杉等（2012）通过对不完全信息条件下基于声誉机制的有限多次博弈的分析，提出建立适当的激励机制、约束机制和协调机制对农产品供应链信任机制进行维护。区别于普通农产品，生态农产品表现在其信任品特性（吴林海，2013），消费者对产品质量感知及消费终端服务质量最终都传导至消费者购买意愿。杨肖丽等（2016）分析了有机农产品信任度决定因素，指出可追溯性和信息质量显著正向影响消费者信任。当前，我国生态农产品不能优质优价，究其深层原因在于从农业生产活动开始的信息化建设水平低，信息渠道不畅通。

（三）信息化背景下生态农产品流通模式研究

周树华等（2011）提出了"五链"的流通模式，包括从产地农户、合作社到连锁企业内部各环节的稳定信用链，产品从产地到消费者的安全管理链，产品流通全过程源头可追溯链，生鲜农产品流通过程的价值跟踪管理链，高损耗生鲜农产品供应冷链。生态农业产业链存在的"双柠檬市场""小农户"以及市场和政府"双失灵"等困境（黄祖辉，2007），利用区块链技术能够有效破解，有助于提升产业链协同能力和运行效率。在生态农产品产业链中，农户利润较少，加工商获利有限，产业链中绝大部分利润被经销商占有（曾维炯，2015）。汪普庆等（2015）认为，农民增收的关键是能参与销售价格的制定。

最近，互联网农村电商蓬勃兴起，京东战略入股天天果园，阿里投资易果生鲜。生态农产品流通渠道不再拘泥于传统的农超对接模式，催生了诸如有机生态农产品网上直销模式、农家乐直接采摘O2O模式等。创新的去第三方化直销模式，促进了农民增收，生态农业增效。但斌（2016）等研究了基于消费众筹的"互联网＋"生鲜农产品供应链预售模式，分析了该商业模式实践的可行性及应用前景。然而，我国农产品上行依然任重道远。魏延安（2017）等认为，未来农产品上行将从单一的网络零售向"网络零售＋网络批发"并重转变，将出现新生态的渠道信任机制。生态农产品流通将出现政府、平台、网商、传统生产经营主体及电商服务业协同融合的局面。

二、区块链赋能农产品供应链现状

区块链技术已经成为生态农产品供应链中从食品安全到运营效率等众多挑战的有效解决方案之一（Li，2021）。区块链结合了密码学、博弈论和分布式计算等技术，是一种建立在分布式共识协议上的共享数据库系统，具有去中心化、集体维护、安全稳定、不可篡改、可审计且高效记录交易的特性（中本聪，2009）。区块链的核心技术为分布式共享账本，分布在给定的商业网络中（Hastig and Sodhi，2020）。如果一个区块被篡改了，前后链接的块就会中断，所以很难被黑客攻击（Iansiti and Lakhani，2017；Tapscott et al.，2017）。因此，有形和无形的资产都可以在区块链网络上以较低的风险和成本进行存储和交易。目前，人工智能、区块链、大数据、云计算、物联网以及5G技术在数据治理方面的能力如表1－2所示，由此可见区块链技术的优势。

表 1-2　　　　　　　现代 ICT 技术在数据治理方面的功能

数据管理技术	数据收集	数据分析	数据保存	数据溯源	数据确权	数据一致性	数据输出		
							决策	产品	服务
人工智能	√	√	√				√	√	√
区块链				√	√	√	√		√
大数据		√					√		
云计算	√							√	√
物联网	√		√					√	√
5G	√		√					√	√

国内外区块链技术开始用于农产品供应链的增强业务集成，但研究都尚处于起步阶段。许多研究已经关注了区块链技术如何影响农产品供应链。斯特拉涅利（Stranieri，2021）采用案例研究和半结构化访谈考察了区块链技术对食品供应链的影响。克谢特里（Kshetri，2020）调研了几个典型的案例，以此阐释了区块链在农产品供应链中的经济学意义。朗格（Longo，2020）利用案例分析法，调查研究了区块链对奶制品行业的潜在影响。同时，也有学者采用定性分析调查了在食品供应链中区块链技术的采用过程、供应链绩效以及挑战（Chen，2020）。

发挥区块链技术在促进数据共享、优化业务流程、降低运营成本、提升协同效率、建设可信体系等五方面的作用，也备受供应链的关注（李勇建，2021）。"区块链+"农产品供应链平台不仅可以专注于从农场到餐桌的食品生产和分销（Köhler and Pizzol，2020），而且可以有效连接供应链联盟、金融机构及政府监管部门，促进供应链中商流、物流、资金流、信息流四流合一（杨慧琴等，2017）。

建立以区块链技术为核心的供应链信息平台，从而形成互信共赢的供应链生态体系。目前，基于区块链技术的主流平台包括FairChain①、IBM Food Trust②、OpenSC③、Provenance④、TE－Food⑤、the world wide fund（WWF）Pilot⑥、AgriBlockIoT、FoodTrail 和 Water Ledger⑦ 等。通过提高农产品生产和配送效率等方式，这些平台已经开始使供应链受益。除了这些大型的区块链平台外，农产品领域还有其他基于区块链的垂直平台，例如，橄榄油区块链平台 OliviaCoin、谷物区块链平台 AgriDigital 和 Grain Discovery、牛肉区块链平台 BeefLedger 和 BeefChain，以及鸡肉区块链平台 OriginTrail（Schahczenski et al.，2020；Kamilaris et al.，2019）。国内也初步发展形成了一批区块链骨干企业，如万向控股、阿里巴巴、腾讯、奇虎360、京东等分别成立实验室提出了各自的区块链平台或者解决方案。如金典有机奶、中粮集团推出的有机蜂蜜、中良美裕有机谷物制品有限公司推出的有机

---

① FairChain. 2021. "X Blockchain for Living Income." https：//fairchain. org/block-chain-info/.

② IBM Food Trust. 2021. "IBM Food Trust-Blockchain for the World's Food Supply." https：//www. ibm. com/products/food-trust.

③ OpenSC. 2021. "Austral Fisheries." https：//opensc. org/case-studies. html.

④ Provenance. 2021. "Every Product has a Story." https：//www. provenance. org/.

⑤ TE－Food. 2021. "TE－FOOD－Blockchain Based Food Traceability Solution." https：//te-food. com/.

⑥ WWF. 2021. "New Blockchain Project has Potential to Revolutionise Seafood Industry." https：//www. wwf. org. nz/what_we_do/marine/blockchain_tuna_project/.

⑦ Water Ledger. 2021. "Water. Digitally Transformed." https：//waterledger. com/.

大米，保证了产品生产全程无污染、无化肥农药残留、无人工添加剂，突出产品的自然属性，为消费者提供安全天然的产品。蚂蚁区块链商品溯源也已经广泛应用于进口的奶粉、美妆及保健品、国内五常大米、茅台等高端酒和平武蜂蜜等。

然而，缺乏可信的追溯系统也是困扰高端农产品供应链的主要问题之一。冯（Feng，2020）等学者回顾了区块链技术特点和功能，确定了基于区块链的解决方案来解决食品可追溯问题，并强调了基于区块链的可追溯系统实施的益处和挑战。加尔韦斯（Galvez，2018）研究了区块链在确保食品供应链的可追溯性和真实性方面的潜力，并讨论了区块链在食品供应链不同步骤中的详细应用。德梅斯蒂查斯（Demestichas，2020）讨论了区块链集成到可追溯系统的商业应用，强调了区块链技术在农业食品供应链应用的相关挑战和未来前景。

区块链技术也为供应链治理指引了新的研究基础和方向。农产品供应链始于农业供应商（如机械、化肥、农药供应商），其次是农业生产者、农产品加工商、分销商、零售商，最后到达消费者。供应链的每个阶段都涉及不同的信息，所有的信息都可以写入区块链（Kamilaris，2019）。利用区块链，结合物联网、边缘计算、人工智能、大数据等分析技术，通过降低信息不对称以控制交易风险，有助于弥合供应链主体之间的信任缺失，进而构建稳定的供应链信任关系。李晓等（2017）研究了基于区块链技术的供应链智能治理机制，认为供应链治理和区块链都有集成使用价值和交换价值的趋势，并探索了基于区块链技术的全自动智慧型契约社会的可行路径。阿贝朗特勒（Abeyratne，2016）利用区块链技术构建了制造业供应链管理的概念模型，保障了信息的透明性和可溯源性，降低了供应链管理成本和运营风险。区块链技术可以提高供应链的效率和透明度，并对从原材料采购到生产到交付的一切都产生积极影响（Azzi et al.，2019；Pournader et al.，2020）。

三、研究现状评述

区块链融合生态农产品供应链的本质是，数字技术通过数字基础设施与数字智慧应用给生态农业产业发展赋能。其研发、建设与推广既要符合当前我国农业农村的实际情况，又必须遵循数字经济发展、产业数字化转型的一般规律。综观上述研究，国外生态农产品供应链建立在农业规模化和高技术基础上，信息化程度高。全国小农户数量占到农业经营主体的98%以上，小农户从业人员占农业从业人员的90%，小农户经营耕地面积占总耕地面积的70%（殷浩栋等，2021）。我国农业经营主体的新技术、新模式应用能力相对较差，且缺乏长期投入大量人力、物力的实力，制约了智慧农业推广运用。

因此，研究"区块链＋"生态农产品供应链发展现状，必须深化智慧农业的认知，剖析其底层逻辑，以更加全面、准确的跨学科视角研究区块链赋能的原理、逻辑与发展路径。我国生态农业分散化经营、小农户对接大市场的局面短期很难改变。生态农产品供应链信息化协同主要存在以下不足。

（一）生态农产品供应链的信息基础设施缺乏科学清晰的顶层设计

基础数据不完善，信息化尚未全覆盖供应链环节。一方面，数据缺乏统一标准，难以共享；另一方面，数据共享开放又缺乏激励机制。因此，重视生态农业信息基础设施的顶层设计，构建统一的数据标准和平台，让信息流通起来，是非常紧迫的任务。

（二）"区块链＋"生态农产品供应链组织模式、信任机制及运行方式研究尚不丰富

现有的研究都是从信息互联网的角度去研究供应链的组织模式。信息互联网并没有解决生态农产品供应链主体之间的信任问题和价值传递问题。区块链作为价值互联网的基石，核心是实现资产的互联互通和自由交易。区块链去中心化网络特征将重塑生态农产品供应链组织模式，其引发的产业链变革为本书的研究提出了新挑战。

（三）如何通过"区块链＋"生态农产品供应链的融合创新，从大数据的视角构建集信息采集、质量管理、数据治理为一体的生态农业信息系统，尚缺乏系统和可操作性的研究成果

面对国际国内新形势，相较于城市地区，乡村的数字化水平和整体层次仍偏低，乡村发展不平衡、不充分的问题越来越严

重。建设数字乡村，对于缩小城乡"数字鸿沟"、共享数字经济红利、推动乡村产业优化升级、促进乡村地区经济繁荣、实现全体人民共同富裕，具有现实层面的紧迫性和必要性。

以上的新问题正是本书研究的切入点和创新所在，本书旨在研究"区块链+"生态农产品供应链的信任机制原理、技术采纳决策、供应链模型以及监管机制，通过创新信息流模型为区块链与生态农产品供应链的深度融合提供理论支持和实践指导。

第四节 研究内容、思路与方法

一、研究内容

本书的主要研究内容包括。

第一章，绪论。结合全球生态农业和区块链战略新兴产业发展的背景，论述了发展区块链与生态农产品供应链融合的价值和意义。通过国内外生态农产品供应链发展现状的研究，提出了我国生态农产品供应链信息化存在的瓶颈及问题。在此基础上，确定了本书的研究内容、研究方法和思路。

第二章，区块链原理及赋能的理论基础。针对区块链与生态农产品供应链的融合背景，以实现供应链协同和农业提质增效为目标，结合数字赋能理论、技术接受模型、创新扩散理论、交易成本理论、信息经济学、演化博弈论、供应链协同理论，为下一步深入研究"区块链＋"融合，推进"区块链＋"特色农业现代化进程，提供理论基础和支持。

第三章，区块链构建农产品供应链信任。信任对于供应链而言至关重要。区块链的价值不在于计算机技术，而在于链接供应链中的经营主体，解决数字经济时代的信任难题，实现数字要素的价值传递。本章将在深入分析生态农产品供应链信任问题的基础，提供一种从区块链技术的角度解决传统信任问题的思考，最后给出区块链技术赋能的路径。

第四章，"区块链＋"生态农产品供应链体系。生态农产品供应链体系将成为供应链的核心竞争力。"区块链＋"生态农产品供应链是技术网络与组织网络的深度融合，是通过技术要素产生数据要素，进而作用于生产要素，实现价值共创的过程。基于这些考虑，本章阐述了从技术信任到系统信任的逻辑，划分了数据要素参与者的四个关键角色，提出了技术网络－组织网络的融合，完成了区块链共识机制的设计。并根据应用实践提出了适合生态农业环境的供应链体系框架。

第五章，生态农产品供应链的区块链技术采用决策研究。索洛悖论（Solow Paradox）表明，信息技术虽然提升了农企数字化管理水平，但并没有转化为高产出和高利润，而最终80％的信息化项目以失败告终。因此，采用或不采用区块链技术是生态农产品供应链经营主体面临的重大战略选择。本章将研究供应链经营主体采用区块链技术的最佳时机，同时也为早期阶段应用区块链的农业企业和电商平台提供有价值的见解。

第六章，区块链赋能生态农产品供应链的经营模式。区块链技术融合生态农产品供应链后，以"区块链 +"认证溯源、"区块链 +"电商创新了供应链的经营模式。这两种经营模式分别应用于线下和线上的场景中。与传统的农产品供应链经营模式相比，这两种"区块链 +"的经营模式是否能使农企和消费者的收益产生溢出效应。两种"区块链 +"的经营模式各自的优劣，在不同的情境下采取哪种模式，或者将两种新模式结合在一起能否使供应链的绩效最大化。

第七章，生态农产品供应链监管机制的融合研究。生态农业发展不仅要立足于提升农产品质量安全，还应从政策体制上加以完善。针对生态农产品质量追溯系统缺乏事前、事中监管以及监管治理措施缺乏动态性的问题，探索区块链技术嵌入生态农产品供应链后监管治理的策略。研究多元监管策略配合，形成全效监管机制。从被动溯源升级为具备追溯功能和全程监管功能的数字化供应链系统。有效约束生态农产品生产者主体行为，促进与加工企业的合作。

第八章，结论与展望。在前面各章节研究基础上，总结了本书研究得出的主要结论；并对"区块链 +"生态农产品供应链的建设和发展做出了展望，明确了下一步研究的方向。

二、研究思路及方法

本书的研究思路及技术路线如图 1 - 4 所示。

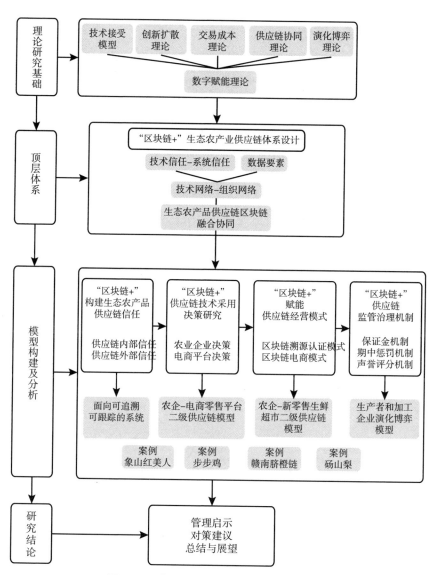

图 1-4　本书的主要研究思路及技术路线

（一）研究思路

"区块链＋"生态农产品供应链是农业产业数字化的一种具体形态。本书从生态农产品供应链的内涵出发，以博弈论、管理学、信息经济学、新制度经济学等理论为基础，融合区块链应用创新，形成主要研究思路。本书认为，区块链的创新发展和落地应用，需要构建一个由硬件和软件组成的"闭环"，包括"技术创新、模式创新、应用创新"。第一层次是区块链技术自身的创新；第二层次是由区块链技术创新激发新模式和新形态；第三层次是被"区块链＋"泛化的新经济。通过"技术创新、模式创新、应用创新"的不断迭代升级，产业发展由技术预见转变为制度创新。

在理论上，以信息经济学和技术扩散理论为起点，研究新信息技术与市场互动、融合的过程，为"区块链＋"生态农产品供应链的创新发展提供理论支撑；采用交易成本理论、纵向一体化和双边市场理论，分析"区块链＋"生态农产品的业务架构、应用架构、数据架构、协同模式，构建"区块链＋"生态农产品供应链的顶层设计方案。

在实践上，通过实地调研和实证研究，利用区块链的分布式中心机制，统筹生态农产品供应链上下游主体之间的需求、生产、流通、销售，探索促进生态农产品供应链发展的创新溯源模式；通过对区块链共识机制与智能合约的研究，构建生态农产品供应链各个主体的监管体系；利用区块链分布式数据库资源的优势、互联网平台资源，研究生态农产品的经营创新模式，找出适合生态农产品销售终端创新的基本思路。

在理论研究、实践分析和国内外经验借鉴的基础上 从政策创新的角度，为区块链技术与生态农业产业融合发展提供比较完整的政策参考。

（二）研究方法

（1）用规范分析与实证分析相结合的方法归纳、分析已有研究成果和文献，研究国内生态农产品供应链存在的突出问题，借鉴国外经验，为顶层设计生态农产品供应链提供理论和实践依据。

（2）以案例分析法解剖生态农产品供应链主体的信任形成机制，针对区块链的点对点模式，提出一套较为完善的"区块链＋"生态农产品供应链的信任体系及动力机制。

（3）运用博弈模型和协调策略，纵向一体化构建"区块链＋"生态农产品供应链的模式。采用博弈模型分析"区块链＋"生态农产品供应链运行效果。确保各方面资源的高效利用，完善生态农产品价值链，提出我国发展生态农产品供应链的路径、资源配置方案、对策与相关政策建议。

第五节　本书的创新之处

一、学术思想的特色和创新

本书的研究紧扣党的十九大提出的乡村振兴战略，牢牢抓住构建现代农业产业体系、生产体系，实现小农户和现代农业发展有机衔接这一主题。紧紧围绕深化农业供给侧结构性改革，将新兴的区块链信息技术与生态农业发展有机融合，为生态农产品供应链的信息化提供清晰的顶层设计、科学的模型，为智慧农业、美丽乡村的发展提供政策建议，为实现农村发展、农业增效、农民增收的目标开阔思路。

二、学术观点的特色和创新

针对长期困扰生态农产品供应链的信息共享难、信息共享贵、信息共享慢、信息不对称的问题，本书从政策、制度、组织模式和运行机制等方面，探索了数据开放形式和数据共享的激励机制。在价值互联网背景下提出"区块链＋"生态农产品供应链的融合创新方案及协同机制。运用模型分析"区块链＋"生态农产品供应链的信任体系及动力机制，创新了区块链的共识机制和供应链的组织模式。

三、研究方法的特色和创新

本书是一项系统性的科学研究，综合经济学、管理学、信息科学、统计学等多学科知识，重视学科交叉与协同。以实证分析为基础，运用机器学习、人工智能、大数据、博弈模型和技术接受模型等方法，构建集信息采集、质量管理、溯源管理、经营模式为一体的智能模型和系统。

第二章

区块链原理及赋能的理论基础

当前，数字乡村建设开启了我国巩固拓展脱贫攻坚成果同乡村振兴有效衔接的新时期。新经济增长理论认为，推动经济增长的核心动力是技术进步，以区块链和 5G 为代表的新一代信息技术已经成为推动数字乡村建设和农业高质量发展的重要动力源。基于以上研究背景，结合赋能理论不难发现：推动区块链技术与生态农产品供应链深度融合的理论基础，不仅涉及区块链技术的技术原理，还涉及数字赋能理论、技术接受模型、创新扩散理论、交易成本理论、演化博弈理论等。本章将分别对上述理论展开分析。

第一节 区块链技术原理

一、区块链定义

根据国际标准化组织 ISO 发布的标准《区块链和分布式记账

技术术语（ISO 22739）》，区块链被定义为使用密码技术链接将共识确认过的区块按顺序追加而形成的分布式账本。从狭义上讲，区块链是按照时间顺序将数据区块以顺序相连的方式组合成的一种链式数据结构，并以密码学方式保证的不可篡改和不可伪造的分布式账本。从广义上讲，区块链是利用块链式数据结构来验证与存储数据、利用分布式节点共识算法来生成和更新数据、利用密码学的方式保证数据传输和访问安全、利用由自动化脚本代码组成的智能合约来编程和操作数据的一种全新的分布式基础架构与计算范式。

从技术层面来看，区块链是一个基于共识机制、去中心化的可信数据库。共识机制是指在分布式系统中保证数据一致性的算法。去中心化是指参与区块链的所有节点都是权力对等的，没有高低之分，所有的参与方都可以平等参与区块链的事务活动。而公开数据库则意味着所有的节点都可以看到过往的数据记录，这也保证了数据的不可篡改性。

从价值层面来说，区块链是价值互联网的基础设施，为互联网的价值传递提供了条件。依赖传统的互联网，实现了信息互联互通。在价值互联网时代，人们在互联网上能够像传递信息一样方便快捷、安全可靠、低成本地传递价值。价值互联网的核心特征是实现价值的互联互通，是承载着物质、能量、信息、资金的物流网、能源网、互联网、支付网四网融合的终极状态。价值互联网将有效承载农业经济和工业经济之后的知识经济。

二、区块链技术的时代

（一）区块链1.0时代

区块链采用的是基于对等网络的分布式架构系统。其中位于同一网络中的每台计算机都彼此对等，各个节点共同提供网络服务，不存在任何特殊节点，每个网络节点以扁平的拓扑结构相互连通。相比中心化网络模型来说，在对等网络中不存在任何服务端中央化的服务，对等网络的节点之间交互连接、协同，每个节点在对外提供服务的同时也使用网络中其他节点所提供的服务，每个节点既是服务端又是客户端。区块链最早作为底层"账本"记录技术（如图2-1所示），经过几年的发展和改进，逐渐成为一种新型的分布式、去中心化、去信任化的技术方案。特别是近两年来，区块链已逐步脱离比特币，独立地成为技术创新的热点，开创了一种新的数据分布式存储技术，引导了系统与程序设计理念的变革，并可能颠覆现有商业社会的组织模式，其应用受到了越来越多的关注。

（二）区块链2.0时代（智能合约）

早在1996年区块链未被发明之前，密码学家尼克·萨博（Nick Szabo）创造性地提出了智能合约（smart contract）概念。萨博（2017）将其定义为"一种计算机化的交易协议，可以执行某个合约的条款"。当区块链达到预定状态时，合同会自动执

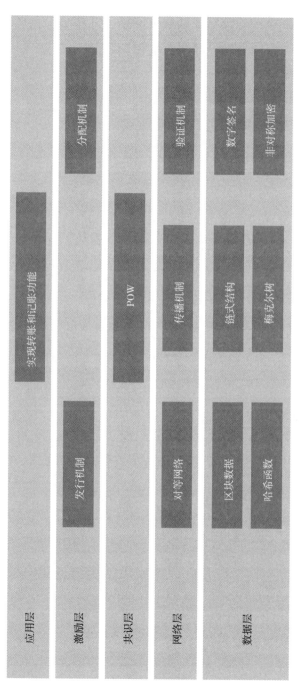

图 2 - 1　区块链 1.0 技术架构

应用层　激励层　共识层　网络层　数据层

实现转账和记账功能　分配机制　发行机制　POW　验证机制　传播机制　对等网络　数字签名　链式结构　区块数据　非对称加密　梅克尔树　哈希函数

行。由于智能合约是分布式区块链网络上的实体，因此，从理论上说，消除了对受信任的权威机构执行合约的需求（Luu等，2016）。

以太坊（Ethereum）和超级账本（Hyperledger）是2018年最活跃的区块链平台。以太坊是一个建立在区块链技术之上，实现智能合约和去中心化应用平台。以太坊是一个开放源代码项目，由全球范围内的开发者共同创建。它允许任何人在平台中建立和使用通过区块链技术运行的去中心化应用。以太坊平台的构想最早是在2013年11月提出来的，当时的目标是创建一个更通用的区块链平台——通过工作量证明机制（或最终转换成权益证明机制）实现共享经济共识的概念，并将其与状态丰富的图灵完备虚拟机的抽象能力结合起来，从而更容易地创建区块链上的应用，并能受益于区块链的去中心化和安全的特性（如图2-2所示）。以太坊节点软件提供两个核心功能：数据存储、智能合约执行。在每个以太坊全节点中保存着完整的区块链数据。以太坊不仅将交易数据保存在链上，而且编译后的合约代码同样也保存在链上。

公有链，如比特币和以太坊，是理想的、安全的、可靠的基础设施，可以用来部署和执行智能合约，从而重新定义目前的合约管理模式。智能合约的本质是一套以数字形式定义的承诺，包括合约参与方可以在上面执行这些承诺的协议。因此，意味着合约需要以数字形式写入计算机可执行的代码中，只要参与者达成合约建立的权利和义务的约定，就由一台计算机或者计算机网络自动执行。

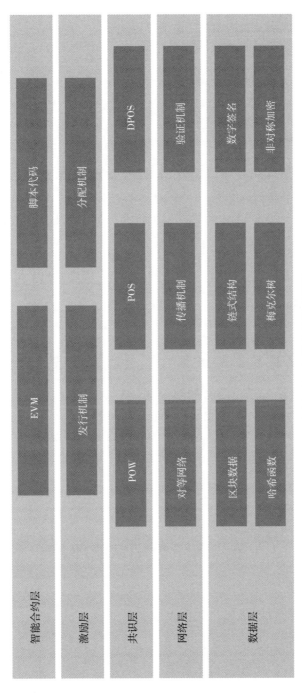

图 2 - 2　智能合约技术架构

（三）"区块链+"时代

目前已经拉开以区块链技术升级传统行业的序幕，区块链的信任背书与实体经济相结合，构建透明、平等、自由的市场、政府、社会体系，从而削弱垄断性行业和机构相对于个人、小型机构的优势。对于金融、能源、零售、不动产等行业，区块链技术的应用可能改变其运行模式，直接将供应者和需求者联系到一起。

区块链行业已进入早期采用阶段，据 Blockdata 数据显示，2022 年区块链及加密行业的融资额已达 299 亿美元，比 5 年前翻了 10 倍以上。我国区块链市场规模有望在 2024 年突破 200 亿元。在 Gartner 最近的一项调查中，接近 7 成的受访者认为区块链将是商业上的创新，并计划在未来进行投资。初创公司 R3CEV 基于微软的云服务平台 Azure 推出的区块链即服务（Blockchain as a service, BaaS）服务（Xu et al., 2016），已与美国银行、花旗银行等全球 40 余家大型银行机构签署区块链合作项目，致力于制定银行业的区块链行业标准与协议（袁勇和王飞跃，2016）。

第二节　数字赋能理论

心理学的赋能是以最大限度发挥个人能力为目的，通过特定的方式给予他人正向激励。从组织学角度，赋能就是通过改变组织结构、文化、资源、权力和员工心理等多方面，获得过去所不具备的能力，提高组织的能力和绩效，以最大限度地发挥组织的潜能，促进组织实现更高级的目标。从管理创新的角度，赋能被理解为"激发行动主体自身的能力实现既定目标，为行动主体实现目标提供一种新的方法、路径和可能性"（关婷等，2019；杨嵘均等，2021）。对市场主体资源配置和动态竞争能力进行中立赋能，可以实现分配优化与整体可持续增长（黄先海等，2021）。

目前，平台企业掌握了大量用户数据，俨然已成为掌控市场交易的垄断者。信息不对称现象不但没有减缓，反而愈演愈烈（夏显力等，2019）。由数据垄断导致的信息不对称对主体的创新竞争、资源分配能力带来的潜在影响更大。区块链技术给供应链赋能意味着通过数字化手段与方式赋予供应链主体协同、共享和共治，激活物理世界、数字世界与资本体系，围绕"数据、信任、平台、应用、治理"等方面展开，从而提升供应链治理效能，降低供应链信任成本。基于区块链多技术的融合创新，通过产业横向整合、纵向整合和空间整合，提升农业生产效率、改善产品市场表现、提升农业市场效率、优化农业空间布局，从而促进农业协同创新发展（生吉萍等，2021）。

第三节 技术接受模型

技术接受模型（technology acceptance model，TAM）是用来研究用户对信息技术接受因素的重要理论。弗雷德·戴维斯（Fred D. Davis，1986）根据理性行为理论（theory of reasoned action，TRA），认为个体对新技术的实际使用行为受到行为意愿的影响，因此借助技术接受模型来说明技术被用户接受与使用的主要影响因素，进而有效预测信息系统的用户行为。技术接受模型提出了两个主要的决定因素：（1）感知的有用性（perceived usefulness），反映个体认为使用一个具体的系统对他工作业绩提高的程度；（2）感知的易用性（perceived ease of use），反映个体认为使用一个具体的系统的容易程度。

区块链技术应用给人类社会带来了全面和深远的影响，伴随区块链技术的全面渗透，邱泽奇等认为（2016）"数字鸿沟"现象值得关注。以数字基础设施"接入差距"为特征的一级数字鸿沟和以数字技术"使用差距"为特征的二级数字鸿沟，正在引发以数字化"收入差距"为主要特征的三级数字鸿沟（李怡等，2021）。由于知识和技能积累不足，以及数字创新方面的创新周期不成熟和教育程度，区块链技术面临是否被采用、如何被采用的挑战。对信息检索、获取、加工、处理、应用、分析、评价能力的差异已渗透到社会、生活、经济、文化、教育等领域（罗廷锦，2018），成为制约区块链应用和创造财富的主要因素之一。尽管如此，我们认为从实践的角度深入思考农业供应链中区块链的应用至关重要，必须寻求进一步的理论和实证发展。

第四节　创新扩散理论

新经济增长理论认为，推动经济增长的核心动力是技术进步，而现代农业技术的每次演进都离不开信息化的强力支撑，农业信息化已经成为推动农业高质量发展的重要动力源（朱秋博等，2019）。数字创新彻底改变了传统供应链，各种在线平台按需提供商品和服务（Ivanov，Dolgui and Sokolov，2019；Tao et al.，2021）。随着农业大数据、云计算、移动互联网、农业物联网、人工智能等数字信息技术以及电子商务的出现，生态农产品供应链供应的农产品是最早利用在线平台来提高产品生产、存储、加工、销售效率，从而提高附加值的产品。

创新扩散理论（diffusion of innovations theory，IDT）是埃弗雷特·罗杰斯（Everett M. Rogers）于1962年提出的。创新的扩散是个过程，即在一段时间内，社会体系中的成员借由特殊渠道来进行沟通，包括创新、时间、沟通渠道和社会体系四个构成要素。埃弗雷特·罗杰斯在1971年提出了更完整的创新决策过程模式，之后他对该模式进行了修正。创新扩散理论将创新扩散过程定义为一个新构想，从创新或创造的来源散播到最终使用者的过程，并将此过程分为知识的产生阶段、说服产生阶段、决策阶段、实现阶段、确认阶段等五个阶段。

根据埃弗雷特·罗杰斯（2010）、瓦朗特和罗杰斯（Valente and Rogers，1995）的论著，扩散是随着时间的推移将创新传达给社会系统参与者的过程。本书认为，区块链技术也属于数字化创新的范畴。在区块链技术的扩散过程中，也有一个被大量参与者采用的临界点。创新扩散理论还指出如果两种资源和技术是相辅相成的，只要同时使用它们就能提高两者的边际生产率，即一种资源的价值增加，从而导致另一种资源的价值增加，并因此导致公司整体业绩的改善（Milgrom and Roberts，1990；Milgrom and Roberts，1995；Milgrom et al.，1991）。换句话说，掌握或者拥有这些互补资源或数字技术的公司更有可能利用另一种资源或数字技术，从而从这种组合中获益最大化。因此，区块链技术的演进采用也必须与物联网、人工智能、传感器网络或者边缘计算等融合。

第五节　交易成本理论

交易成本理论（Transaction Cost Theory），是由诺贝尔经济学奖得主罗纳德·哈里·科斯（Ronald H. Coase）于1937年提出的。科斯（1937）的根本论点在于对企业的本质加以解释，他认为交易成本是在一定的社会关系中，人们自愿交往、彼此合作达成交易所支付的成本。从本质上说，有人类交往互换活动就会有交易成本，它是人类社会生活中一个不可分割的组成部分。威廉姆森（Williamson，1975）研究了交易成本发生的原因，他认为交易成本是人性因素与交易环境因素交互影响下所产生的市场失灵现象。有限理性（bounded rationality）、投机主义（opportunism）、不确定性与复杂性（uncertainty and complexity）、专用性投资（specific investment）、信息不对称（information asymmetry）、氛围（atmosphere）等六项因素构成了交易成本的来源。而上述交易成本发生的根本原因，源自交易商品或资产的专属性（asset specificity）、交易不确定性（uncertainty）、交易的频率（frequency of transaction）这三项交易本身的特征（Williamson，1985）。

施密特（Schmidt，2019）扩展了交易成本理论，并把业务决策运用到区块链环境中，研究了将交易成本降至最低的最佳治理结构。许多学者认为区块链和交易成本理论显示出重大的概念重叠。首先，交易及其成本是供应链关系的关键构建（Ellram et al.，2008；Tate et al.，2011），而区块链从根本上说是交易的分类账（Notheisen et al.，2017）；其次，交易成本理论关注任何可以直接或间接地作为合约问题提出的问题（Williamson，1987），而区块链以智能合约的形式提供了一种新的数字合约方法（Christidis and Devetsikiotis，2016）。

付豪等（2019）认为农业产业链治理的根源是机会主义。同理，生态农产品供应链的发展依赖供应链上各经营主体的协作，从而实现供应链的整体效用最大化。但是，供应链上的个体农户、合作社、农企由于信息不对称和有限理性存在机会主义行为。不确定性、交易频率和资产专用性都会影响机会主义行为（Williamson，2002）。

区块链能确保数据真实、透明、不可篡改，区块链环境下的不确定性可控。区块链嵌入生态农产品供应链的关键在于数字化了一个真实透明的可信生态，供应链主体合作关系趋于稳定。数据成为区块链环境下农业产业新的专用性资产，并且能够在区块链网络自由流动进行价值传递，突破了原有农业专用性资产在地域上、交易上的局限性。

第六节 演化博弈理论

博弈论作为一种经典研究范式和研究方法，其重要性已经得到了充分认可，并被广泛地应用于政治学、社会学、管理学、经济学、信息安全等多个学科领域。在传统博弈理论中，通常假定参与人是在完全信息条件下进行决策并且参与人是完全理性的。然而，在现实经济活动中，参与人的完全理性与完全信息的前提条件很难实现。在农产品供应链经营主体的合作竞争中，参与人之间是有差别的，经济环境与博弈问题本身的复杂性所导致的信息不完全和参与人的有限理性问题是显而易见的。

演化博弈理论源于生物进化论，是把博弈理论分析和动态演化过程分析结合起来的一种理论。在方法论上，它不同于博弈论将重点放在静态均衡和比较静态均衡上，强调的是一种动态的均衡。与传统博弈理论不同，演化博弈理论并不要求参与人是完全理性的，也不要求完全信息的条件。在演化博弈理论中，生态农产品供应链的经营主体有选择按照有机方式生产或者不按照有机方式生产的自由，它对于建立信任或激励行为、惩罚行为策略的认识在演化过程中得到不断的修正和改进，成功的策略被模仿，进而产生一些一般的"规则"和"制度"作为行为主体的行动标准。区块链网络与农业产业链分别代表了技术网络与组织网络，两者在网络属性和结构上具备耦合性。两者的融合是工业时代向数据时代更迭的选择，诱致制度变迁，形成技术面和产业面的双重制度安排变化的结果（付豪等，2019）。在这些一般的规则下，生态农产品供应链的经营主体获得"满意"的收益。

第三章

区块链构建农产品供应链信任

信任对供应链而言至关重要。区块链的价值不在于计算机技术，而在于链接供应链中的经营主体，解决数字经济时代的信任难题，实现数据要素的价值传递。良好的信任关系不仅有助于抑制机会主义，降低供应链企业的经营风险，还有助于增强供应链的灵活性，提升供应链的竞争力（鄢章华等，2010），是供应链联盟进行内部资源整合的基础（王丽杰和冯岩岩，2011）。在生态农产品供应链中（以下简称供应链），信任关系也发挥着重要的作用（Dania et al.，2018），它一方面促进消费者的购买意愿，另一方面紧密供应链内部的协作。

然而，诸如三聚氰胺奶粉、含铬大米、含有毒农药的豇豆等农产品造假行为的发生，已经严重地损害了消费者的信任（Liu et al.，2019；Galvez et al.，2018）。由于各成员之间缺乏利益结盟机制（张夏恒，2018；汪普庆等，2019），供应链内部违约现象也屡见不鲜。鉴于农产品的信任品特性，为破解信息不对称的困境，迫切需要在供应链内外构建信任。

区块链是按时间顺序排列的分布式账本（Longo et al.，2019）。区块链的去中心化、集体维护、安全稳定、不可篡改的特性为解决供应链的信任问题提供了契机（Schmidt et al.，2019；Tönnissen and Teuteberg，2019；Lezoche et al.，2020；Antonucci et al.，2019）。因此，本章深入分析供应链信任问题，旨在提供一种从区块链技术的角度解决传统信任问题的思考。

第一节　生态农产品供应链的信任问题

由于农产品易腐烂、易变质、运输储存要求高（Naik et al.，2018），使农产品在从产地到消费终端的各个环节都容易出现问题，从而打击消费者对农产品的信心。在农产品供应链中，各环节参与者之间的合作行为主要是在彼此信任的基础上，通过契约或合同的形式固定下来的，参与者之间的关系本质上是一种信任关系，但由于资产专用性、交易双方的信息不对称、机会主义等因素，供应链中部分成员的利益难以得到有效的保障，时常出现农户违约，导致利益受损甚至演变成信任危机（陈冬冬，2010；马胡杰和石岿然，2016）。

增强信任是实现农产品供应链可持续性发展的关键点之一（Coteur et al.，2019）。信任可以驱动生产者与消费者之间的牢固关系，并克服消费者的困惑，建立新的忠诚度（Giampietri et al.，2018）。同时，信任是供应链各方合作的基础，有助于实现信息的共享，减少机会主义行为，提升合作绩效（覃汉松和欧阳梓祥，2002；乔琳和丁莹莹，2019）。

一、农产品供应链外部信任问题

供应链的外部信任主要是终端消费者对农产品的信任，这种信任最终转化为对农产品的信心。供应链上的可追溯系统是消费者信心的重要来源。帕帕等（Pappa et al.，2018）认为基于电子的可追溯系统是加强信任的工具，可确保农产品的质量和安全，保证产品增值，并最终为农产品供应链的透明性和可持续性提供价值；亚菲安（Alfian，2020）提出了一种利用 RFID 和物联网传感器的可追溯系统，将易腐食品的位置历史、温度和湿度等产品细节在整个供应链中都进行精确的监控，并在可追溯系统的网站中显示，以保持客户的信任和信心。

此外，奈克（Naik，2018）提到品牌化可以带来很高的客户满意度，提高客户对农产品的购买信心。在农产品供应链的运营流程中使用冷链物流服务，并构建与运输、贸易、存储、包装等相关的标准化冷链物流系统，也有助于提高农产品的新鲜度，以增强消费者对农产品质量安全的信任（Yu et al.，2017）。

二、农产品供应链内部信任问题

供应链的内部信任，除了传统的契约手段，许多学者认为应建立管理信息系统或平台，加强供应链内部成员的信息流通。鄢章华等（2010）认为不仅供应链成员企业要努力增强自身的综合实力、提高可信度，政府相关部门还应为供应链企业营造良好的信任氛围，为建立信任提供基础平台，防止信任关系恶化；雷星晖等（2009）提出供应链系统信任管理的概念，构建了基于组织间信任和信任文化形成等机制的供应链全面信任管理体系。此外，陈冬冬（2010）基于进化博弈理论，研究农户和合作企业之间信任关系的演化，认为提高长期合作的期望，减少短期行为，可以增加农户和合作企业间的了解，提升双方合作的默契程度，减少供应链联盟内部的信息不对称，有效提升农户和合作企业间的信任度。

虽然上述文献对供应链的信任问题进行了深入的研究，但目前仍有一些关键问题亟待解决：

（1）供应链的可追溯性系统不够完善，信息披露的粒度较粗。

（2）中心化的农产品供应链管理系统容易导致信息不对称、不透明，存在信任问题，且中心化系统的监管成本较高。

（3）如何在供应链内部既保证交易信息的安全性和隐私性，又保证信息的共享和开放。

第二节　区块链技术融合农产品供应链的基础

区块链是一种分布式数据库，由互不信任的多方参与者共同维护，实现了可信的多方数据共享和去中心化（邵奇峰等，

2019；Caro et al.，2018）。区块链技术因其巨大潜力，为当前存在的问题提供了新的解决办法。区块链技术通过加密算法、时间戳、共识机制等复杂数学算法实现公开透明的信息传播、信息可追溯和不可篡改等特性，能够为各主体带来有利的内部因素和外部环境，激发信任的产生。供应链内部因素和外部环境共同影响各个主体的信任决策，并能进一步塑造社会信任模式（Dave et al.，2019）。在农产品供应链中，区块链技术可以在生产、加工、运输、零售和消费各个环节发挥作用。

（1）生产阶段。区块链技术与物联网技术相结合，传感器自动记录农产品的关键信息，并记录在区块链中。这些关键信息包括：背景环境，如土壤、水、空气、阳光；植物的生长过程，包括种子的质量、品种、产地、生长条件、播种时间、采摘时间、工作方式，负相关责任的企业甚至员工等；肥料和农药的信息记录和使用情况；仓库的相关情况。异常情况发生时会自动触发智能合约。

（2）加工阶段。生产者直接通过区块链将产品所有权转让给加工商。加工商将新数据记录到区块链中，这些数据包括：处理环境，如温度控制、消毒和处理设备；使用添加剂的情况；仓库的相关情况；加工商及有关人员的基本情况；生产企业和与加工企业之间的财务交易。

（3）运输阶段。在配送过程中，3T原则（时间、温度和耐藏性）是确保食品安全性和质量的关键因素。因此，通过传感器将实时环境数据（例如，温度、湿度）记录到区块链中，当数据超过安全标准时，将立即发出警报。通过使用GPS，配送中心可以对每辆运输卡车进行车辆定位，并制定最佳的配送路线以缩短配送时间。还要记录运输路线、运输方式和运输时间等。

（4）零售阶段。零售商在区块链中存储收到的产品数量和质量的详细信息，传感器定期将有关零售环境状态的信息自动存储在区块链中。由于农产品寿命短，零售商可以使用可追溯系统监视产品的新鲜寿命，更换接近保质期的产品。

（5）消费阶段。零售商在区块链中存储有关已售产品的详细信息，而消费者能够在购买产品之前透明地验证产品的整个历史。若发生食品质量安全事故，可以立即找到有缺陷的产品。消费者可以使用手机连接到互联网或网络应用程序，来扫描与食品相关的二维码（Quick Response，QR），查看与产品相关的所有信息。

目前，已有许多公司致力于区块链技术在供应链方面的应用，打造具有高度竞争力的供应链（闫妍和张锦，2018；George et al.，2019）。透明的产品出处可以防止欺诈和伪造，从而节省监督当前和潜在供应商以及确保产品或服务质量有关的成本。在食品领域，为了增强整个供应链的信任和可靠性，存储记录的防篡改至关重要。阿里巴巴和京东等多家巨头企业都在积极落实区块链食品溯源项目，利用区块链技术追踪食品生产、加工、销售等全流程（汪普庆等，2019）。IBM和沃尔玛在中国猪肉和美国芒果的食品供应链项目中实施了区块链（Mims，2018）。在超级账本上提供了许多用于验证咖啡原产地和鱼类冷链的案例。

第三节 区块链技术构建供应链信任

供应链的产品和信息流从上游企业流向消费者的方向为供应链跟踪系统，从消费者流向上游企业的方向为可追溯系统。在农产品供应链上，区块链技术在供应链跟踪系统和可追溯系统中发挥作用，前者提高供应链成员之间的交易信任，后者便于消费者追溯产品来源以增加信心。

一、面向跟踪的供应链系统

信息经济学认为事前的信息不对称会造成"柠檬市场"，事后的信息不对称容易引发道德风险（叶初升和孙永平，2005）。区块链技术可以建立企业信息交流的渠道，确保合作企业的相关信息真实可靠，以促进供应链中各种交易的顺利开展。值得注意的是，在促进供应链企业信息可信共享的同时，也要有相关措施确保企业机密信息的隐私性。

卡米拉里斯（Kamilaris，2019）使用智能合约来管理当地小规模的合作社，促进其谷物产品的销售。首先，该合作社通过智能合约制定销售条款，买家签署合约支付代币后，该智能合约由区块链网络的每个节点进行验证。如果通过验证，买家会自动接收到谷物仓库智能锁的访问码获取谷物。买卖双方通过智能合约建立信任，交易过程变得更透明、更公正。冷（Leng，2018）提出"用户信息链"和"事务链"双链结构的农业供应链，大大提高了公共服务平台的可信性和系统的整体效率。该架构可实现交易信息的开放性、安全性，并兼顾企业信息的隐私性，能够自适应地完成资源的寻租和匹配，使供应链合作企业之间相互信任。朗格（Longo，2019）设计了一种软件连接器，以将以太坊区块链与企业信息系统连接起来，从而使公司可以与具有不同可见性级别的合作伙伴共享信息，并通过区块链检查数据的真实性、完整性和不变性，从而建立信任。

二、面向可追溯的供应链系统

产品信息的透明度可以显著提高消费者对产品的信任度，增强消费者对农产品市场的信心。因此，农产品的可追溯性是形成良好品牌形象和信任的保证。区块链技术能够在农产品供应链系统的各个环节构建信任关系（Caro et al.，2018；Azzi et al.，2019；Tian，2017；Kamilaris et al.，2019），它通过农产品数字化实现跨多个实体的跟踪，从而克服数据存储隔离和主体间信任缺失的问题（Westerkamp et al.，2018；Kamble et al.，2019）。新兴的区块链技术、边缘计算架构与传统的传感器网络不断融合发展，构建了当前可追溯系统的技术支撑，如表 3 - 1 所示。

表 3 - 1 供应链采用的数字化新技术

文献	物联网	边缘计算	智能合约	区块链类型	IPFS
Blockchain-Based Traceability in Agri Food Supply Chain Management：A Practical Implementation（Caro，2018）	o	o	o	公链、联盟链	—
Ensure traceability in European food supply chain by using a blockchain system（Baralla et al.，2019）	o	—	o	联盟链	—
An intelligent Edge-IoT platform for monitoring livestock and crops in a dairy farming scenario（Alonso et al.，2020）	o	o	o	—	—
A blockchain use case in food distribution：Do you know where your food has been?（Alonso et al.，2020）	o	—	o	联盟链	—
An agri-food supply chain traceability system for China based on RFID & blockchain technology（Tian，2016）	o	—	—	—	—
Blockchain inspired RFID-based information architecture for food supply chain（Mondal et al.，2019）	o	—	—	—	—
Modeling food supply chain traceability based on blockchain technology（Casino et al.，2019）	o	—	o	公链	o
Blockchain-based soybean traceability in agricultural supply chain（Casino et al.，2019）	o	—	o	公链	o

注："o"为采用了该技术，"—"为未采用该技术或者文献未提及。

巴拉利亚（Baralla，2019）认为可以通过提升供应链中企业之间的信任度来消除中心化，消费者通过简单的 QR 码扫描来验证产品的质量，从而实现农产品信息的溯源。AgriBlockIoT 的可追溯方案，采用以太坊和超级账本的 Sawtooth 框架，并且无缝集成供应链上生产和消费数据的物联网设备，用于农产品供应链管理（Caro et al.，2018）。为了确保从农场到餐桌的食品安全，阿朗索（Alonso，2020）和丹尼尔（Daniel，2019）分别采用区块链系统实现了对牛奶和鸡蛋生产的全程可追溯。阿朗索（2020）的方案还融合了边缘计算的架构。田（Tian，2016）和蒙达尔（Mondal，2019）构建的可追溯系统主要依靠 RFID 技术实现农产品供应链生产、加工、储藏、配送和销售环节的数据采集、流通和共享，使用区块链技术来保证在这个可追溯系统中共享和发布的信息是可靠和真实的。他们的追溯系统不仅覆盖了农产品供应链上的每个企业，还包括一些强力部门，如政府部门和第三方监管机构。

卡西诺（Casino，2019）和萨拉赫（Salah，2019）将智能合约应用到可追溯系统中，进一步整合了供应链各个环节直接的信任关系。卡西诺（2019）的区块链和智能合约的可追溯模型，把供应链的主体分为两部分：上游成员（如农民、食品生产商、制造商）的数据存储在中央服务器或星际文件系统（IPFS）中；下游成员（批发商、分销商、零售商）使用智能合约，以提供更好的消费服务和质量保证。

实践方面，2017 年中兴云链开发了国内首个基于区块链技术的有机食品溯源和防伪系统，并运用该技术追溯黑龙江有机大米、内蒙古红酒等农产品，以确保其质量安全（霍红等，2019）。众安科技开发的"步步鸡"区块链项目，消费者对产品扫码进行防伪验证，也增强了消费者信心。AgriDigital 平台是一个基于云的应用区块链技术的全球农业供应链，在食品可追溯、实时支付、数字托管和供应链金融等方面已经进行了全球领先的试点。

综上所述，大部分农产品可追溯模型都将区块链技术与物联网技术相结合，物联网设备用于收集供应链中生产和交易的相关数据；边缘计算技术用于就地处理和分析相关数据，降低区块链上数据的储存成本；IPFS 解决数据存储问题，便于查询特定交易；智能合约用于自动执行相关预定操作。

三、农产品供应链的共识机制

共识机制在维护区块中记录内容的安全性和合法性方面起着关键作用。在农产品供应链中，传感器实时产生数据，交易量较大，对区块链的各种性能要求较高。阿齐（Azzi，2019）认为在供应链中部署区块链应用，应充分考虑以下这些需求来保证共识：

（1）区块链的技术标准，如吞吐量、延迟、容量和可伸缩性等；

（2）存储架构，阿齐（2019）采用了双存储架构来处理大量数据，并且引入私有区块链；

（3）统一的接入设备接口标准，如速度、数据速率、通信范围、功耗、成本或通信协议；

（4）数据安全，通过对系统跟踪设备进行身份验证、传输或对收集的数据进行加密和签名，以提供一个安全和可靠的可追溯系统。

区块链有三种主流共识机制，即工作量证明（PoW）、权益证明（PoS）和有向无环图（DAG）（黄建华等，2019；Cao et al.，2020）。采用工作量证明（PoW）的系统中，参与者利用算力来竞争记账权，造成大量的能源消耗（Kotilevets et al.，2018）、高延迟、低事务处理率（Reyna et al.，2018；Daniel et al.，2019）。因此，PoW 会使农产品供应链中的企业造成资源浪费，并且提高企业运营的成本，鲜有农产品供应链采用。在 PoS 中记账权取决于节点拥有的权益轻重。PoS 是一种节能的共识协议，它利用内部代币激励的方式，而不是消耗大量计算能力来达成共识（Zhang et al.，2019）。

黄建华等（2019）和巴格达（Bugday，2019）等学者赋予节点相应的信任度、声誉值来构建以信任为基础的共识机制。相比起传统 PoS 共识机制，以上两种基于信任的共识机制更容易识别出恶意节点，提高区块链系统的安全性和可靠性，并提高农产品供应链中数据的可信度。黄建华等（2019）构建了基于动态授权的信任证明机制（proof of trust，PoT），且在该机制的基础上修正了诸如权益粉碎攻击和贿赂攻击等现有区块生成办法中存在的问题。PoT 将区块链网络中的节点分为矿工节点和基本权益代表节点，并根据节点参与创建区块的行为赋予其相应的信任度，基本权益代表节点对区块进行签名操作且赋予其信任度，再根据区块的信任度权重竞争上链。巴格达（2019）提出了基于声誉的模型，响应时间、响应类型和系统中的金额这些特征值被用于计算声誉。在系统建立之初，预定节点组成可信的节点。这些可信节点将计算其他节点的声誉值，并选择声誉值更高的节点，重新构建新的可信节点。

有向无环图共识机制通过有向无环图使用多个并行链，提高了事务处理速度，也日益受到学者们的关注。当前使用有向无环图的区块链网络每秒能处理多达 10000 个事务，并且显著降低了供应链成本（Kotilevets et al.，2018）。DAG 共识机制适用于物联网生态系统，而农产品供应链上有许多生成大量数据的物联网设备，因此 DAG 共识机制适用于农产品供应链的情况。Tangle是一种典型把 DAG 共识机制用于储存交易的区块链系统。Tangle允许不同的分支最终合并到链中。当新的事务到达速度很快时，确认率和每秒事务数（TPS）比 PoW 和 PoS 高得多（Cao et al.，2020）。

第四节　障碍和挑战

从深层次来看，在农产品供应链中建立消费者信心，帮助消费者更有效地、更清晰地识别优质的、安全的农产品，还存在以下的障碍和挑战。

其一，区块链技术常与云计算、边缘计算、物联网等新兴的信息技术相结合。不仅要实现这些技术的集成，还要实现它们的互操作。目前标准化接口还不统一，共享数据的安全性还有待进一步提升，数据的全部潜力还有待开发。

其二，区块链技术无法阻止人为作假信息的录入，因此应用区块链技术的前提取决于企业有控制农产品质量安全的意愿，并且能将实际情况记录下来。农产品供应链企业要加强管理，完善监督体系，确保数据的自动化录入。

其三，对农户和中小企业而言，应用区块链技术的成本仍然较高，不适合存储大量数据，可扩展性是亟待解决的突出问题。

其四，区块链技术如何在确保信息共享的前提下又能保证信息的隐私性。比特币、以太坊的每个节点全量存储着全部交易数据，每个用户可见证任何用户的交易历史。在农产品供应链中，区块链隐私保护的难点在于既要隐藏交易细节，又要验证交易的有效性。这种共同见证虽保证了数据的可靠性，却牺牲了数据隐私。

第五节 区块链技术赋能的路径

信任对农产品供应链而言具有重要作用，建立信任是企业发展的重点之一。新技术对降低不确定性有很大影响，因为它们允许实时获取精确数据，而实时信息工具为企业提供了新的机会，使企业能够对供应条件的变化做出更快的反应。因此，应用区块链技术是农产品供应链中企业发展的新趋势，从目前的应用实践来看，区块链技术赋能的路径可能集中在以下几个方面。

其一，未来可以在区块链共识机制方面进行创新，提出适用于农产品供应链实际情况的共识机制，目的是攻克区块链技术吞吐量、延迟、容量和可扩展性等技术难关，建立消费者信任和合作企业之间的信任，促进供应链中合作的开展。一方面，DAG 共识机制无须交易费用，对计算能力要求低，在上链成本、交易确认速度和可扩展性方面均优于传统区块链，未来可对 DAG 进行进一步研究；另一方面，将多种共识机制进行混合与优化，扬长避短。

其二，提高区块链数据隐私保护能力。应从技术和管理方面对链上信息进行有效的管控和监督，对隐私数据进行可靠加密：一是研究环签名、零知识证明、同态加密等方案的混合应用，实现节点的身份验证；二是对智能合约进行创新，将敏感数据记录在可信任的智能合约中，研究基于智能合约的访问控制机制；三是对异常节点的检测机制进行深入研究，以防止恶意节点盗取隐私数据。

其三，在农产品供应链中应用联盟链，将在隐私保护、安全可信等方面具有优势。研究联盟区块链的关键是发展高性能、高可用性和高可扩展性的技术。其中，高可扩展性技术的研究重点在于支持跨链。众多异构的区块链平台需要有效的跨链技术实现互联，但目前跨链存在的安全性问题亟待解决，如竞争条件攻击、日蚀（eclipse attack）攻击和跨链重放攻击等。因此，发展区块链跨链协作技术，实现向外扩展、互联互通，解决跨链通信、保证数据能在链间流通是未来研究的重点之一。

其四，基于多链设计方案构建农产品供应链平台，将交易信息与敏感数据分别储存至不同的链上，实现分片存储和并发执行。交易信息链记录农产品供应链中所有交易的细节，并保证数据完整性和可追溯性；敏感数据链可引入节点准入机制，储存并管理实名的用户信息。既实现区块链的可扩展性，又起到隐私保护的作用。

其五，将交易数据储存在链下系统中，做到链下储存、链上验证，提高区块链系统的可扩展性。一方面，未来可对链下功能进行深入研究，如数据调用、复杂查询、数据分析和异常处理；另一方面，链上链下数据协同与融合方面的技术仍待发展和突破。

第四章

"区块链 + "生态农产品供应链体系

生态农产品供应链体系将成为供应链的核心竞争力。"区块链 + "生态农产品供应链是技术网络与组织网络的深度融合，是通过技术要素产生数据要素，进而作用于生产要素，实现价值共创的过程。农产品供应链时间跨度长、流通环节多，各节点之间的协同能力，不仅影响了农产品的质量安全和供应链参与者的经济效益，而且严重制约了我国农业数字化发展。"区块链 + "为生态农产品供应链的体系构建带来了契机，使供应链高效管理和协同成为可能。

第一节 引 言

长期以来，生态农业供应链（以下简称供应链）一直是学术界和业界关注的焦点领域。作为生态农产品流通的载体（Leng et al.，2018），供应链是相当复杂的系统，负责生产、存储、运输、营销和消费的全过程。如图 4 - 1 描述了供应链中的现有物

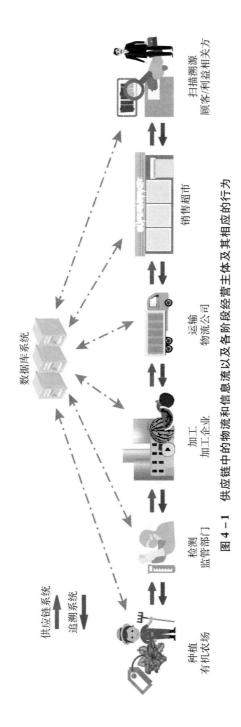

图4-1 供应链中的物流和信息流以及各阶段经营主体及其相应的行为

流和信息流,确定了各个阶段经营主体及其相应的行为。随着计算机技术的迅速普及,它改善了供应链中每个节点之间的数据获取和处理过程。尽管如此,供应链仍然陷入信息共享和透明的困境(Saberi et al.,2019)。

根据美国食品和药物管理局(Food and Drug Administration,FDA),仅2019年上半年①就发生了数十起食品供应链危机事件,其中包括被李斯特菌感染的有机豆芽。由于信息不对称,食品欺诈事件偶有发生,导致传统食品的信任不足和更严重的信任危机(Yang et al.,2019)。消费者对其中一些危机的管理不善以及食品安全的不确定性更加敏感(Azzurra et al.,2019)。因此,为了增强公众的信心,对此类产品的信心仍然是最重要的信任之一。当前的供应链主要依靠彼此隔离的分布式数据库系统和集中式处理(Saberi et al.,2019)。通过这种方式,农业企业可以跟踪和追溯信息,如纸质证书或食品标签系统(Chen et al.,2020;Costa,2013;Aung and Chang,2014)。无论是纸质证书还是食品标签系统,它们都有一个天生共同的缺陷,即可追溯的信息很容易丢失或被篡改。因此,独立信息很难获得公众认可。换句话说,这些敏感和有价值的数据需要由合格的经纪人或者代理人存储或认证。

新兴的区块链技术为解决这些复杂的问题提供了契机(Azzi et al.,2019)。区块链采用分布式账本技术(DLT),在没有任何中心组织的情况下进行集体治理和维护(Abeyratne and Mon-

①　美国食品和药物管理局官网. Recalls,market withdrawals & safety alerts. U. S. food & drug administration [EB/OL]. [2024 – 1 – 9]. https://www. fda. gov/Safety/Recalls/default. htm.

fared, 2016; Kshetri, 2018; Saberi et al., 2019; Pearson et al., 2019)。无信任、透明、分散和不变的账页（数据区块）形成了一个更加可靠和真实的生态系统，该生态系统在供应链中应用很有前景。因此，"信任机器"正在变为现实（Notheisen et al., 2017）。一方面，在去中心化的区块链系统中供应链需要一种新的计算范式以实现信任和共识；另一方面，类似其他潜在的颠覆性技术，区块链需要在成本和性能之间权衡，以实现技术网络和组织网络的融合，并克服技术早期阶段供应链采用和实施方面的障碍。

针对上述问题，基于区块链技术提出了供应链的构建体系，融合技术网络和组织网络，以在供应链中建立信任，进而促进经营主体的协同。本章有以下贡献：首先，详细阐述了技术与系统信任的逻辑。其次，提出了一种供区块链使用的数据共享模型，根据数据流划分了四个关键角色，并分配其职责，以便在不同的供应链实体之间达成共识。以保证记录不被篡改，结果使供应链更加透明、真实和值得信赖。最后，我们构建了"区块链 +"生态农产品的供应链体系，并论述了各个层次的协同机制。

第二节　技术信任与系统信任的逻辑

信任在不同学科得到了广泛的研究（Crowder and Reganold, 2015; Canavari et al., 2006），在以前的研究中已经给出了许多定义。信任（或不信任）是主观概率的一个特定水平，一个代理人评估另一个代理人或一组代理人将执行特定行动，无论是在他能够监控这种行动之前（或独立于他能够监控它的能力）还是在它影响他自己的行为的情况下（Gambetta，1990）。供应链网络本质上是复杂的自适应网络，其中大部分的形成过程是在没有任何故意控制下简单地形成的（Pathak et al.，2007）。在生态农产品系统中，为了在分布式的物联网环境中实现利益相关者和服务之间的可靠交互，信任就成为一个基本因素。很多研究都已经将信任量化，特别是在促进自主代理之间的合作研究中（Kochovski et al.，2019；Notheisen et al.，2017）。

大量研究表明，消费者往往对有机生态农产品的标称持怀疑态度（Nuttavuthisit & Thgersen，2017；Thogersen，2011；Vega-Zamora et al.，2019）。根据柠檬市场的理论分析，影响信任的因素是多样的。为了实现技术网络和组织网络的深度融合，提高生态农产品的信息透明度，我们认为必须从"系统"和"技术"两个方面构建信任关系。

一、系统信任的逻辑

可信系统必须保持可靠的服务，防止意外故障和处理不当问题（Alrawais et al.，2017）。系统信任是去嵌入的、普遍的，并且植根于制度。例如，有机认证是政府保证产品真实性的基本措施，而不是保证产品的完整性。道格比约（Daugbjerg，2014）认为，认证过程、认证机构、标签和销售控制构成了产品的完整性。大量前期研究（Fernqvist and Ekelund，2014；Janssen and Hamm，2012；Thogersen，2011）聚焦了有机标签和认证过程中的信任行为。然而，从事生态农业的绝大多数是中小企业和中小农户。由于缺乏资金、技术和知识，以及没有大型农业企业的主导，分散的小型农场根本无法构建农业可追溯平台。此外，由非官方背景的农业企业维护农业可追溯平台，必然面临篡改/隐藏记录的风险，导致"系统"信任危机。

另外，在零售环节中，产品外观的信息透明度低，消费者很难识别真伪（Crowder and Reganold，2015）。大多数消费者对有机生态农产品的期望是针对生产过程，而不是最终产品（Rahmann et al.，2017；Vega-Zamora et al.，2019）。在生态农产品系统内部，尽管经营主体之间能实现长期战略合作，它们之间产生的相互信任过程是潜在的。在这种情况下，信任是生产者、消费者和每一个生态农产品系统中实体之间互动的基本先决条件。如果供应链缺乏透明度将阻碍供应链经营主体和客户验证及确认产品的真实价值。因此，在对等网络市场和服务的背景下，建立"系统信任"对实现供应链经营主体的交流和联系非常重要（Hawlitschek et al.，2018）。

互联网农业溯源平台的兴起为消费者和农产品之间的大规模营销互动铺平了道路。因此，系统信任是通过信任平台的可追溯性来传递的。另外，平台不仅支持包括流程每个环节的基础信息，还支持声誉系统等服务，从而在消费者之间建立和维护信任方面发挥着关键作用（Katz，2015）。从被动的角度来看，可追溯性提供了生态农产品在任何时候、任何的位置的可见性。而从主动的角度来看，在线跟踪信息通过保存历史记录的方式扩展了供应链管理系统的边界，而不仅仅满足于对流程进行优化和控制。

二、技术信任的逻辑

系统信任必须扩展到技术信任，在这一过程中还涉及其他相关概念，包括可依赖性、安全性和可靠性。供应链体系的许多设计是依赖多种信息技术来实现的，如射频识别、物联网、基于云平台、人工智能（Tzounis et al.，2017；Karim et al.，2014）。结合各种传感器的射频标签已经在农场监控、灌溉、特种作物和食品可追溯性控制中部署了近十年（Ruiz-Garcia and Lunadei，2011；Durresi，2016；Alfian et al.，2017；Costa et al.，2013）。生态农业的管理系统往往是一个信息非常密集型的管理系统，或者被称为"基于软件的"创新（Fountas et al.，2015；Wolfert et al.，2017）。相应地，供应链的信任管理包括两种不同的硬件和软件的融合，分别与生产、加工、存储和营销相对应。

无线传感器网络（WSN）与物联网（Ruiz-Garcia and Lunadei，2011）的结合是过去十年农业管理领域最伟大的创新之一。最近，图像传感器和声音传感器越来越多地用于精细化的农场管理。凭借低成本和无线传输的优势，各种 WSN 设备可以广泛分布在农场上，并使用标准化协议（如 IEEE 802.15.4、IEEE 802.11、IEEE 802.15.1、LoRa®，3G/4G/5G，SigFox）实时上传农作物数据。大量农业数据必须传输到远程的云端进行分析（Morais et al.，2019），从而实现数据驱动和数据赋能。沃佛特（Wolfert，2017）从数据捕获、数据存储、数据传输和数据分析的活动序列创建了一个数据流。这种方式形成了农业物联网的技术范式，即对数据和服务真正实现无处不在的访问。因此，技术信任也与特定的服务质量（quality of service，QoS）相关联。技术信任的管理要求取决于系统的性能和质量属性，包括可用性、可信度、隐私、响应时间、吞吐量、安全性、透明度、可追溯性（Kochovski et al.，2019）。

三、技术的限制和约束

传统的集中式云计算通过运营和系统管理的规模经济取胜（Pan and McElhannon，2018；Garcia et al.，2015）。然而，在技术方面也存在无法使消费者信服的障碍。一方面，尽管有基于密码学的安全机制，但是由于内部攻击和欺诈行为，在无线传感器网络的自治、无人值守和分布式环境中，单纯的信任数据流是不明智的。另一方面，这种集中模式不可避免地导致信息垄断、僵化和供应链不透明，并阻碍信任。因此，提高数据流的真实性，同时保持令人满意的服务质量是一个值得关注的信任管理解决方案。各种研究从不同的体系结构和计算模型探索了信任管理。施（Shi，2019）提出了边缘计算模型的经典模型，该模型分为物联网设备、边缘设备和云三层（见图4-2）。科翰斯基（Kochovski，2019）提出了一个依赖于区块链和雾计算的信任管理架构"DECENTER"。他们提议对实体和利益相关方（用户和提供商、物联网数据源、软件组件、雾节点、云存储）进行认证，并通过独立的区块链服务分别监控其状态。莫雷斯（Morais，2019）提出了建立在四层技术结构之上的"mySense"：传感器和传感器节点、农田和传感器网络、云服务。埃洛和郝（Helo and Hao，2019）设计了一个基于以太坊的参考模型，并展示了基于区块链的物流监控系统的技术架构。菲格瑞里（Figorilli，2018）在木材链电子追踪性中实施了区块链架构。他们设计的体系结构是利用在线信息系统将与产品质量相关的信息和与可追溯性相关的信息集成在一起。

基于区块链的信任模型可以提供可信的数据流。同时，边缘计算可以提供满意的服务质量。本章提出通过技术信任与系统信任的管理来实现"区块链＋"，补充上述研究。在下一节中，我们将基于上述观点提出一种新的计算范式，并详细介绍其体系结构和内部机制。

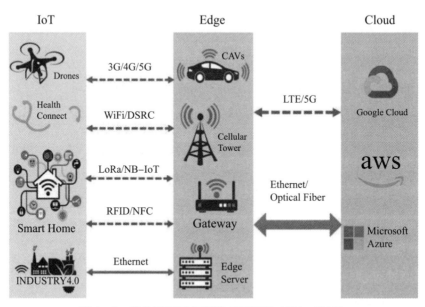

图4－2 从物联网到云端的三层模型（Shi，2019）

第三节 技术的限制和问题描述

在本节中，首先分别介绍区块链和边缘计算的基础。随后，指出它们的缺点和局限性以进一步阐述（技术信任－系统信任）问题。

一、区块链基础和数据结构

区块链有一个链式的数据结构，每个块由一个区块头和一个区块体组成。每个区块引用前一个区块的哈希值，如图 4－3 所示。这样在区块之间创建了一个链接。区块头部分包括各种字段，如块的版本、前一个块的哈希值、时间戳。区块体部分包含交易的详细信息。第 i 个区块的哈希值的计算方法为

$$H_i = Hash(input, ID_i, Timestamp_i, H_{i-1}) \tag{4.1}$$

其中 $input_i$ 是打包的事务数据，ID_i 是与数据生产者相关联的数字标识符，$Timestamp_i$ 是当前时间戳值，H_i 和 H_{i-1} 分别是当前和先前块的哈希值。

区块链巧妙地结合了密码学、分布式系统技术、P2P 技术（Azzi et al. , 2019），利用数学算法达成共识，从而实现各个节点之间的协调与合作。共识是区块链的关键特征，它指的是区块链参与者之间的一致观点和一致意见。本质上，区块链是一个集体维护的分布式分类账（Abeyratne and Monfared, 2016; Reyna et al. ,

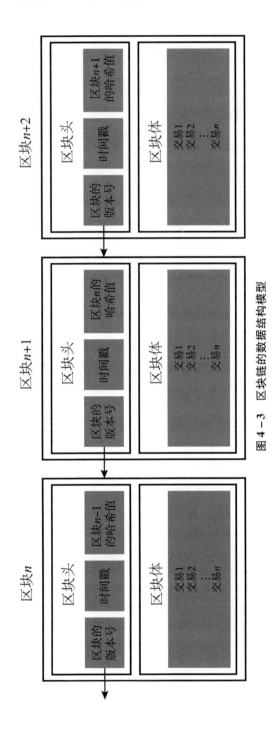

图 4 - 3　区块链的数据结构模型

2018），根据共识机制按时间顺序记录每笔交易。采用这种方式，区块链有以下优势。

（1）去信任。

点对点网络意味着在分布系统中的每个节点在逻辑上是等价的。因此，区块链系统可以自动触发节点之间的动作，而无须第三方（或者中心节点）的参与。

（2）防篡改。

所有事务都有一个时间戳，一旦记录在块中就不能更改，从而建立信任。

（3）透明度。

信息可以由所有参与者见证，并根据共识机制记录在链中。

（4）安全性。

分布式和加密本质确保了完整性、真实性、不变性和不可否认性，从而排除了即使是经过身份验证的节点的恶意行为。

二、技术约束和限制

随着区块链被引入开放源码软件中，上述优点被视为透明性、真实性、可信任和安全性（Pearson et al.，2019；Wang et al.，2019），实现了生态农产品极其稳健和实时的可追溯性。因此，区块链提高了农业信息管理的组织和技术创新。然而，要确定区块链技术在供应链体系中的潜力，认识到其技术限制和局限性是非常重要的。

（1）效率。

交易速率较低，因为最初的区块链设计（比特币）将处理速率限制为每秒 7 个交易，每 10 分钟一个新块。同样，以太坊对每个事务只有 17 秒的处理能力。因此，处理能力与目前达到的毫秒级数据库相去甚远。

（2）存储成本。

块的基本大小限制为 1MB。随着来自不同传感器的数据爆炸式增长，这意味着各种交易正在增加。因此，区块链膨胀得"庞大"，每个块必须存储所有以前的交易。另一方面，由于块大小的有限性，不可能将整个农场到餐桌的信息存储在区块链，尤其是图像信息。

（3）计算模型。

几乎所有种类的农场电气/电子设备都是物联网的一部分，产生大量原始数据。而且这些数据都要传输到云端，造成带宽大、能耗高等问题（Shi et al.，2016）。因此，在区块链环境中进行数据挖掘时，传统的云计算模型不足以有效地处理所有数据。在这种情况下，需要重新考虑共识机制，以确保更短的响应时间、更高效的处理和更小的网络压力。

三、边缘计算和区块链集成

边缘计算是一种允许在网络边缘执行计算的计算范式（Shi et al.，2016；Garcia et al.，2015）。众所周知，在传统的云计算中，下游数据代表云服务，而上游数据是物联网服务。施（Shi，

2016）提出的"边缘"是指数据源和云数据中心之间路径上的任何计算和网络资源。根据边缘计算的基本原理，计算往往发生在数据源附近。与云计算相比，边缘计算范式有几个潜在的好处：第一，它通过将计算从云移动到边缘来减少响应时间（Yi et al.，2015）；第二，能耗可以降低 30% ~ 40%（Chun et al.，2011；Pan and McElhannon，2018）。

区块链作为一个开放的基础设施，可以通过与边缘计算相协调来改变供应链网络的模式。首先，计算模型迫切需要重新部署，以充分考虑技术信任到系统信任。执行大量数据挖掘的区块链系统应该部署在云中，而边缘设备生成的数据应该在本地进行预处理，然后尽可能小容量地上传到云中。其次，组织网络与技术网络的融合，共识机制如何与经营主体产生的数据流共享协同。最后，云中运行的区块链为所有利益相关者提供了一个以低成本访问开放平台的机会，尤其是小型农场。这样一个开放的环境将确保供应链环境中的信任。

第四节　融合"技术信任 – 系统信任"逻辑的供应链体系

在介绍了技术信任 – 系统信任的逻辑后，我们提出了一种新型的信任管理计算范式，该范式通过将农业物联网生态系统与新兴的区块链和边缘计算相结合，具有去中心化和主体协同的特征。图 4 – 4 描绘了融合了信任管理计算范式的多层供应链体系，

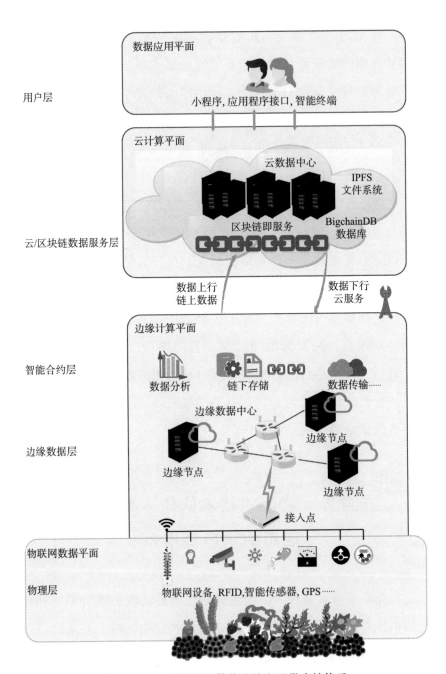

图 4 - 4　信任管理计算范式的多层供应链体系

该架构遵循由云原生计算基金会（CNCF）和欧洲边缘计算联盟（ECCE）设置的互操作性标准。

计算范式框架包含两个紧密相关的元素：平面和层。平面是链接各种接口的技术活动；层是数据链接，通过它们可以跨数据流集成和管理业务流程。每一层负责数据流处理的不同阶段。平面和层满足了数据链路的连接性能，提供了供应链协同的层次，平面和层增加了供应链部署的通用性。

一、体系的数据平面

为满足信任管理需求而提出的供应链体系，本章提出了信任管理计算范式的多层供应链体系（其中计算范式框架包含两个紧密相关的元素：平面和层，平面是链接各种接口的技术活动），应用程序、云、边缘和物联网平面由矩形分隔；边缘计算/区块链模块的混合被实例化为区块链即服务 BaaS 的元素，允许仅沿网络路径从生态农产品端到云端上传链上数据，如图 4 - 4 所示。它本质上划分为四个关键的平面：物联网数据、边缘计算、云计算和应用。

（一）物联网数据平面

物联网数据平面包括各种物联网设备，如摄像头、智能传感器（压力、温度计、湿度计、雨量计、风速计和湿度传感器）、GPS。这些传感器用于收集关于土壤、天气、喷洒、种植、产量、图像和其他农事活动的田间数据。随后，原始数据经过预处理后被传输到边缘计算层。由于虚拟化的计算路径和节点，物联网数据平面和边缘计算平面在一定程度上耦合在一起。

（二）边缘计算平面

在生态有机农场中，各种智能现场设备遍布整个农场。这些异构设备来自支持不同硬件、协议和算法的制造商，不可避免地导致数据格式不兼容。然而，边缘计算平面是将数据从一种格式转换为另一种格式的中间件，从而缓解数据不兼容，同时降低了各种数据的维度。边缘计算平面由两层组成，即智能合约层和边缘数据层。从智能设备到云平面的网络路径实例化了一组虚拟化控制模块（如边缘节点）。此外，数据经过清洗、分析和处理后，分为链下和链上两部分。前者存储在本地主机中，而后者将被转发到云端做进一步处理。当涉及区块链时，这种方式增加了云边缘计算的多功能性。同时，所提出的计算范式满足了存储和响应时间的性能。

（三）云计算平面

云计算平面部署在远程数据服务器上。需要全局资源的计算密集型程序或任务在部署到云平面中的元素处执行。因此，云平面必须在高端服务器上进行虚拟化。在我们的框架中，区块链部署在这个平面上，提供区块链即服务（BAAS）。

（四）应用平面

应用平面是用户可以通过各种应用程序、应用程序接口

（API）和智能终端获取信息或向服务提供商寻求服务的前端。在供应链体系中，应用平面的任务是以安全的方式向供应链的经营主体或消费者等利益攸关方提供从农场到餐桌的信息服务。同时，该平面为所有利益相关者提供了一个平台，用于消解信息不对称，实现数据共享，促进供应链协同。

二、体系的数据层

物理层、边缘数据层、智能合约层、云/区块链数据服务层和用户层构成了数据的链路。这是从数据流的角度出发。

（一）物理层

这一层由部署智能合约的各种传感器、执行器、控制器、网关和物联网设备组成。这些设备要么封装在智能合约的区块链客户端地址中，要么被发现服务而发现。此外，在生态农场这样的物联网环境中，通常还应用各种无线协议，如 WiFi、zigBee、Lo-Ra 或 SigFox。

（二）边缘数据层

边缘数据层由用于部署容器化微服务和数据的基础设施（边缘节点）、QoS 监控基础设施和物联网设备组成的。边缘数据层从物理层获取数据，然后进行处理、压缩、转换，并根据需要将数据分离为边缘数据（本地）和云数据。在这一层首先需要完成数据确权，即数据归属的识别。反过来，该层支持链下验证来自驻留在云中的区块链的链上信息。边缘节点持续监控和收集相关信息，而本地服务器负责存储链外数据。这种链下验证解决了区块链部署中的隐私、通信带宽、能耗、延迟等问题。

（三）智能合约层

智能合约层组装了一系列智能合约。智能合约是预先建立在基本区块链结构上的自执行脚本，它允许供应链进行正确、分布式、高度自动化的工作流程。在这一层，智能合约集群涉及智能法律合约、去中心化自治组织（DAO）和应用程序逻辑合约，这些智能合约实现了价值转移逻辑。法律合同定义了严格的法律追索权，以防止合同中涉及的各方进行交易。DAO是一个可以在区块链上定义一组规则的社区，这些规则体现在智能合约代码中。每个参与者都要遵守这些规则，并且其任务是在程序中断的情况下执行并获得追索权。从数据要素的视角定义供应链的参与者，不仅包括供应链的利益相关者，还包括与共识机制的四方（请参阅本章第五节）相对应的四个角色。

（四）云/区块链数据服务层

云/区块链数据服务层由一个云存储库和一个类似于区块链的账本组成，支持公共链、联盟链和私有链三种区块链。考虑到公共链的效率低下，我们利用联盟链将所有利益相关者纳入供应链体系。联盟链是公共链和私有链之间的区块链设计，其中考虑了与加密相关的用例和托管类型的用例。在这一层，引入一个平面间文件系统（IPFS）和 BigchainDB。IPFS 是内容可寻址存储的新兴标准。也就是说，同一文件在每台计算机上都具有相同的名称，并且更改文件内容将导致文件名更改。由于数据容量的严格限制，仅将文件内容的哈希值存储在云端的区块链中，而文件本身存储在边缘。为了满足文件的查询要求，引入的 BigChainDB 可作为数据存储和搜索引擎。因此，这种技术的安排最适合不同农业企业之间的价值链关系，以通过联盟链基础设施共享信息。

（五）用户层

用户层追踪生态农产品，监管供应链的入口。该层通过区块链桥连接到区块链生态系统，它看起来像一个作为浏览器插件启用的以太坊桥 Metamask。同时，该层还为第三方开发者提供各种 API，定制数据和软件。

三、区块链的协同能力

"区块链＋"的优势在于它的分布式账本可以很容易添加到当前供应链的工作流程和整个数据处理过程中。从长远来看，基于组织网络和技术网络融合的考虑和技术信任到系统信任的逻辑，它可能会创新一个全新的商业模式或技术生态系统。在技术生态系统方面，图 4-5 描绘了云边缘和区块链服务对供应链的协同能力。如图 4-5 所示，根据服务水平总结了六种不同的协同层次和方式。

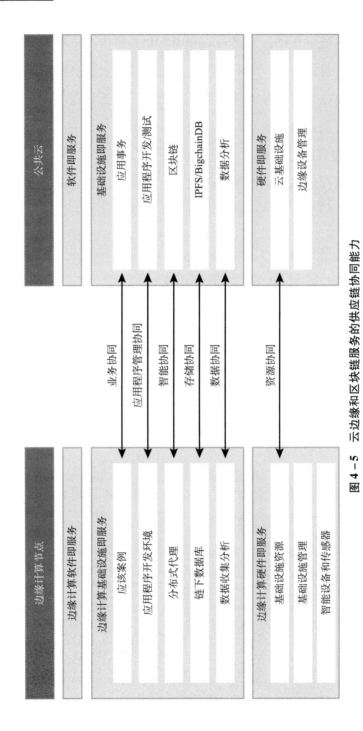

图 4 – 5　云边缘和区块链服务的供应链协同能力

（一） 资源协同

边缘节点（如智能农业传感器）为供应链提供计算、存储、网络和虚拟化基础结构。对于农场中的原始数据，它不是私有敏感的，因此可以与所有供应链的经营主体完全共享，这对业务隔离的要求较低。然而，对于供应链的参与实体而言，虚拟化技术具有隔离计算和存储资源的潜力。

（二） 数据协同

边缘节点通过丰富的协议、端口和接口从各种终端和无线传感器收集数据。供应链实体的大多数私有数据在边缘设备中处理，而非机密数据在公共云中处理。此外，各种数据通过融合、感知和自治进行交互，以形成基于人工智能的边缘和云智能基础架构，从而进一步为高级业务协作提供服务。

（三） 存储协同

在云端，部署了文件系统（IPFS）和数据库（BigchainDB）。在边缘节点上，链下数据库用于存储来自供应链业务流程的关联交易。IPFS 的键值存储系统承担了区块链的哈希值数据摘要映射唯一链下文件的功能。同时，BigchainDB 存储来自源数据的所有转换后的哈希值，并支持为用户检索。通过这种方式，仅需要将 SHA256 的哈希值上传到云区块链系统，而大多数数据位于边缘或本地，这进一步隔离了私有数据并保护了隐私。这种协同降低了存储成本、网络带宽和响应时间。

（四） 智能协同

边缘节点为云的区块链提供了丰富的数据输入。实时性要求较高或带宽较大的服务分配给边缘节点。在边缘和云两方面，可以启用一些人工智能模型和分布式代理。根据有机农业的特点，可以形成从农场到餐桌的各种业务情景的 AI 模型。AI 模型的训练在云中进行，然后分派给边缘的代理执行。例如，云端参与有机产品的供应链模型优化，订单管理和物流优化。另一方面，边缘侧根据光照、水、肥料和其他生长参数来预测诸如作物的产量、质量和规格等信息。

（五） 应用程序管理协同

边缘节点提供应用程序部署和运行时环境，如现场管理、生产服务。云实现了应用程序的整个生命周期管理。此外，隐私敏感的应用程序大多部署在边缘端，而非隐私敏感的应用程序主要部署在云上。

（六） 业务协同

边缘节点提供边缘应用程序实例，而云部署应用业务功能。各种应用程序和 API 调用由业务应用程序系统组成，它是通过执行操作集或由第三方开发者激活的。云端的授权实体构建了大量的智能合约，与边缘端的物理智能设备进行协作，从区块链中提取或传输信息进行数据处理。

第五节　区块链共识机制的设计

从技术信任到系统信任，区块链实现了一个去信任化的供应链体系。区块链中的共识机制可以更快地协调交易各方，即使他们彼此未曾合作。在本节中，基于上述供应链体系结构，首先划分了供应链中各主体在数据要素中扮演的角色，即数据生产者、数据维护和管理者、数据权利验证方和数据消费者。然后，围绕这四个主要参与角色，详细介绍了改进的共识机制、存储模型和共识网络。它们构成了"区块链＋"生态农产品供应链体系的核心，并确保所有经营主体的协同和信息共享。

一、数据要素的四个角色

（一）数据生产者

从数据流的角度来看，数据生产者定位数据流或业务流的来源，即数据的生产者或提供者。在供应链体系中，田间现场的各种无线传感器和物联网设备都是种植阶段的数据生产者。在加工阶段，产品的每个质量检测仪器都是数据的生产者。在物流阶段，每个负责有机农产品中转转发的中转站都是数据的生产者。一般来说，过程中介、机器生成和人为来源构成了最主要的三类数据生产者。目前，数据生产几乎是通过智能设备或终端自动实现的，这从源头上增加了数据欺诈的成本。只要来自数据生产者方的数据是真实的，生态农产品的可追溯性才有意义。

（二）数据维护和管理者

数据维护和管理者负责边缘集群和云的技术及业务规划，在技术上充分利用现有的资源调度系统。在他们的职责中，最重要的是新型数据处理框架，涉及数据库（区块链）、搜索引擎（BigchainDB）、文件系统（IPFS）等。与传统的系统维护相比，我们提出的供应链体系的关键点是数据平台的自动化和数据的防篡改性，是一个新的面向并行的数据处理框架，这意味着数据库和搜索引擎不在同一个系统上。因此，所有的过程都是在数据驱动的范式中，数据处理过程变得更加多样化和复杂化。

（三）数据权利验证方

数据权利验证不仅是为了确认数据的所有权、使用权和访问权，而且是为了控制后续的使用和信息传播。最终，数据验证的需要是由于数据可以自由复制。区块链是一个分布式的账本，每个人都有一份数据。在数据对所有人都可见（如交易信息）之后，就达成了共识。因此，区块链以牺牲保密性为代价来确保完整性。数据权利验证使用智能合同来实现记账，而不是以前的方法，即先进行数据权限验证，然后在链上上传数据。换句话说，当事人对数据进行记账是为了关注所有者和用户的身份。

（四） 数据消费者

数据消费者是数据的访问者或用户，他们被授权操纵数据。由于数据消费者的存在，数据最终实现了共享和流动。通过数据消费，消费者还可以对知识获取重新设定，并将数据流基础设施整合到数据分析中。紧接着，通过数据消费，数据要素变现数据资产从而实现了数据价值的转移。

二、技术网络－组织网络的逻辑

在公共网络中达成共识的成本很高，并且通常需要对矿工进行经济激励，例如，比特币使用工作量证明来达成共识。然而，即使是中小型的生产运作系统也需要满足受控、受监管的更高吞吐量环境，而这在公共网络中是不可用的。为了防止混乱并在这种分布式环境中达成一个普遍的全局观（即共识），区块链网络需要建立每个数据库事务都应该遵循的规则。上述四方之间的综合时序如图 4－6 所示。这些场景旨在确保可信的数据访问。

当数据产生者向权利验证方发送"right_verification_request"请求时，数据处理开始。权利验证服务确认生产者的请求，并通过函数"addBlockchain"触发维护方的记账。函数"addBlock-chain"计算驻留在边缘端的事务信息的哈希值，然后将哈希值写入云区块链。随后，数据生产者将相应的信息存储在本地边缘数据库中。这种机制为同一交易记录提供链上和链外数据验证，从而降低可追溯性成本并提高云区块链的效率。

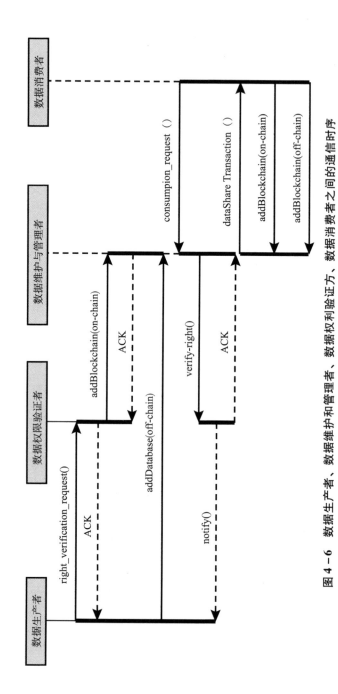

图 4－6　数据生产者、数据维护和管理者、数据权利验证方、数据消费者之间的通信时序

与上述场景类似的是数据消费的场景。随着数据消费的发生，首先将消费方的"consumption_request"请求发送给维护方。随后，请求被转发到权利验证方，由验证方利用函数"verify_right"确认数据请求的授权。权利验证方收到请求后，向维护方发送确认信号，并通过函数"notify"将消息转发给生产者。随后，任何操纵数据的交易都被记录在区块链。同时，链外数据也相应改变。

从上述场景中，我们提出的四个行为角色有效地规范了数据的生成、配置、维护和消耗，从而确保了整个数据流的信任。通过这种方式，提高了供应链体系的可信度，也提高了农产品可追溯系统的管理水平，最终促进了数据市场的开放和共享。

技术网络到组织网络的融合，逻辑上形成了包括上述四个行为角色的区块链共识网络，如图4-7所示。这种共识网络是一种"WK-recursive"递归拓扑，其处理节点的数量在每个阶段都以4的幂增加。每个节点都与它的三个其他邻居节点相连，给出共识网络拓扑的形式化描述如下。

定义4-1 给定一个具有$r^k(k \geq 0)$个节点的WK-recursive递归拓扑（r表示基数，此处$r = 4$），节点的ID编码序列为p_k、$p_{k-1}\cdots p_1$，其中$p_i \in \{1, 2, \cdots, r\}(1 \leq i \leq k)$表示节点在集群中的位置。如图4-7显示了$k = 1$，$k = 2$，$k = 3$的四基拓扑网络。

$k = 1$时，共识网络是一个四基WK-recursive递归拓扑，其中每个节点对应四个主体之一。随着物联网设备和参与者的增加，

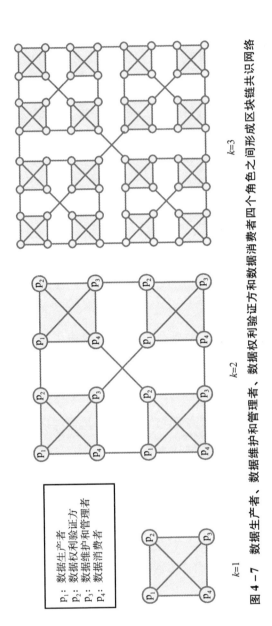

图 4-7 数据生产者、数据维护和管理者、数据权利验证方和数据消费者四个角色之间形成区块链共识网络

拓扑以四次幂增加，并在每个集群中保留四个节点，以便划分自治网络（$k=2$，3，$\cdots$）。

因此，来自任何共识参与者的每个数据都可以在本地集群中进行处理以达成共识，而不是在全网络范围内进行广播。在复杂的科学计算中，该共识机制利用分层和全互连拓扑的特点，实现了更高效的网络局部性和更低的信息传播时延。这种递归的集群结构特别适合在地理分布较广的中小型生态有机农场中部署。一个或多个农场的共识参与者构成一个基本的集群网络，然后逐步扩展形成更高层次的集群。

三、数据的存储模型

根据前面提到的数据参与者的四个行为角色，本节改进了区块链的层次存储结构，以更好地服务于数据要素赋能的区块链共识网络，如图 4－8 所示。

与包括几个交易的传统区块结构不同，我们构建了两级层次区块链，其中块中的每个交易对应一个项目表，并且交易字段仅由项目表的哈希值填充。此外，该项目的每个成员都由数据所有者的公钥（PK）、元数据和数据摘要组成。

任意第 i 个区块的顶层哈希值的计算方法如公式 4.2 所示：

$$H_i = Hash \left(\sum_{i=1}^{n} itemhash_i，ID_i，Timestamp_i，H_i-1 \right) \quad (4.2)$$

其中 $itemhash_i$ 是对应打包的两层数据的哈希值，ID_i 是与区块号关联的数字标识符，$Timestamp_i$ 是当前时间戳值，H_i 和 H_{i-1} 分别是当前块和先前块的哈希值。$itemhash_i$ 由公式 4.3 计算

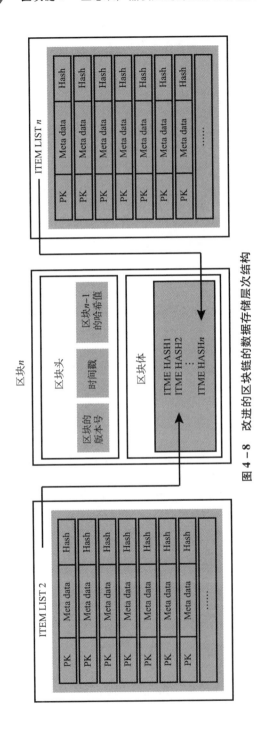

图 4 - 8 改进的区块链的数据存储层次结构

$$itemhash_i = Hash\left(\sum_{i=1}^{m} PK_i, \sum_{i=1}^{m} metadata_i, Timestamp_i, \sum_{i=1}^{m} datadigest_i\right)$$

$$(4.3)$$

其中 $datadigest_i$ 是项目列表中每个数据摘要的值。数据摘要字段存储本地数据的哈希值，同时存储数据确认和操作的信息记录。

双层区块链结构实现了云 – 边缘计算的隔离，即第一层作为数据的索引运行在云端，第二层存储在边缘侧，允许用户通过公钥进一步搜索数据和访问权限。

四、系统评估

我们在浙江省的某生态柑橘农场部署了该解决方案。从实际情况来看，区块链系统的运行成本包括计算能力、网络开销和共识机制三部分。在计算能力方面，我们划分了各种利益相关者角色，通过共识节点来实现数据存储，避免了计算资源的浪费（不像 POW 算法）。关于网络开销，TPS 指的是系统吞吐量，它也表示每秒的系统处理量。在 4 个共识节点和 1 个同步节点的情况下，峰值可达 $6212TPS$，平均值为 $5838.3TPS$。在 30 个共识节点的情况下，峰值可以达到 $2800TPS$，平均值为 $2086.8TPS$。

实践证明，该体系具有支持高并发服务的能力和良好的网络可扩展性。在共识机制方面，我们比较了两种四基网络拓扑的统计特征，2D – Mesh 和 WK – recursive 的主要静态特性，如

表 4 - 1 所示。二维网格拓扑结构是一种广泛应用于农田设备的网络拓扑结构。总链路（l）、网络直径（d）和 $l*d$ 通常用来衡量和比较系统的网络性能。因此，评估遵循这三个标准。总链接数是一种重要的网络度量，它显示了网络拓扑结构中连接边的数量。网络直径是一个衡量网络规模的指标。网络的直径越小，在整个网络中达成共识所需的时间就越短。$l*d$ 表示网络成本。

表 4 - 1　　　　　　　　　　网络拓扑优势比较

网络拓扑	总链接数	网络直径	对剖宽度
WK - recursive	$2(n-1)$	$2^{\log_4^n} - 1$	4
2D - Mesh	$2(n-\sqrt{n})$	$2(\sqrt{n}-1)$	$\sqrt{n}$

图 4 - 9 描绘了 WK - recursive 递归共识网络与 2D - Mesh 网络相比在三个指标即总链路（l），网络直径（d）和 $l*d$ 下的性能。为简单起见，所有结果均归一化为 2D - Mesh 网络。在相同数量的节点下，与传统的 2D - Mesh 拓扑相比，WK - recursive 递归共识网络的网络直径较小，这意味着在整个网络中传输消息和处理事务所需的时间更少。而且 WK - recursive 递归共识网络的 $l*d$ 较小，显示了它的网络成本较低。此外，随着网络节点数量的增加，两个网络的链接趋于相同。从上述评估中，证明了本章提出的供应链体系结构能减少网络延迟和共识成本，以技术网络融合组织网络，从而提高了生态农产品供应链的性能。

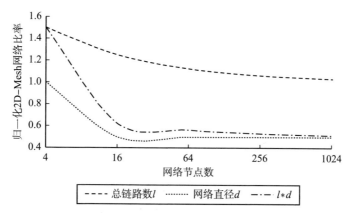

图 4-9 与 2D-Mesh 网络相比,WK-recursive 递归共识网络在

总链路数(l)、网络直径(d)和(l * d)三个主要方面

表现出了较好的性能(所有结果以 2D-Mesh 网络归一化)

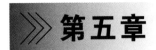

第五章

生态农产品供应链的区块链技术采用决策研究

区块链赋能生态农产品供应链是当前数字化农业运营的一种新趋势。除了区块链链上系统的投资，技能学习、知识更新等方面的巨大投资也构成了区块链技术采用的障碍。区块链技术对农业是否有赋能效应，或者赋能效应的程度有多大，一直存在一定的争议。

因此，本章构建了"农企－电商零售平台"的二级供应链绩效模型，聚焦农企和平台选择采用区块链技术的条件。研究表明，采用区块链技术对电商平台和农企并不一定能实现双赢。本章的研究强调了区块链技术采用的最佳条件，同时也为早期阶段应用区块链的农业企业和电商平台提供了有价值的见解。

第一节　问题的提出

生态农产品呈现出的信任品特征，使得消费者很难判别其是否按照有机规范生产（王永钦等，2014）。不合格甚至假冒有机认证的产品在市场中流动的现象也屡见不鲜（孙梅等，2020；崔占峰等，2021；Shi et al.，2021），影响了有机产业的良性发展。生态农产品溯源系统（以下简称溯源系统）给消费者提供了生产全过程的透明信息，增进了消费者信任和对产品的认同（于亢亢，2020），然而传统的溯源系统存在数据封闭不共享、数据链不完整、数据易篡改、系统不兼容的弊病（赵丙奇，2021），最终造成溯源系统可信度低。

区块链以特有的信任机制、共识机制以及透明共享等关键技术赋能供应链（Milgrom et al.，1995；Kamble et al.，2019），是当前数字化农业运营中呈现出的新趋势（Wang et al.，2019）。相比传统溯源系统，区块链赋能生态农产品供应链（以下简称供应链）后，供应链的信息防篡改能力和公信力都显著增强（Hu et al.，2021），溯源更精准，监管治理的功能更完备（付豪等，2019），彰显了"区块链＋"溯源系统的价值。需要注意的是，溯源系统记录的信息量、向前追溯或向后跟踪的能力以及准确识别特定 TRU（traceable resource unit）的能力都直接影响了溯源系统能够存储和处理的信息量及其可靠性（Behnke，2020），本章将这三大特征统称为追溯信息水平。一般来说，追溯信息水平越高，消费者越了解产品的质量，消费者愿意为更详细的产品信息支付溢价（Wu，2021）。

随着 2020 年《中共中央　国务院关于抓好"三农"领域重点工作确保如期实现全面小康的意见》中指出要加快区块链等先进技术在农业领域多个场景的应用，目前已经有部分企业进行了"区块链＋"农业方面的尝试，例如京东农业平台、华为的智慧农场、北大荒的"善粮味道"区块链大农场等。然而，区块链技术在生态农产品供应链中并没有得到大规模的应用。实际上，目前成功的区块链应用实例比较少。2016 年，全球范围内启动的 2.6 万个区块链项目中，只有 8% 在 2017 年仍在积极开发（Browne，2017）。截至 2020 年，世界上有 61% 的公司未将区块链投入生产[①]。卡米拉里斯（Kamilaris，2019）调研了 49 个声称采用了区块链的农业项目，发现企业出于谨慎的考虑，只有 4 个项目完全采用了区块链技术；克谢特里（Kshetri，2020）指出，许多小型农场没有能力在其流程中采用区块链。技术不确定性、可伸缩性问题和开发成本带来了重大挑战。区块链技术远未达到其应有的水平。

根据农业技术推广扩散理论，信息技术在推广扩散过程中必须经历"突破阶段、关键阶段、自我推动阶段和浪峰减退阶段"（靳淑平，2009）。在农业信息技术推广扩散过程中，同时受到驱动力和阻碍力的双重影响：对于生产者来说，如果驱动力大于阻碍力，则倾向于采用农业信息技术；相反，则拒绝采用农业信息技术（张标等，2017）。农企在获取区块链这一外部技术时，需通过有效的"尝试→采纳→常规化"这一完整的技术吸收过程才能实现价值创造（Zhu et al.，2006）。区块链技术的扩展过程，也并不是简单的硬件堆砌和程序开发，还包括组织内部整合、组织间协作、管理技能、复杂的网络操作规则、标准和协议等知识学习投资（Longo et al.，2019）。

---

① Deloitte 官网. Deloitte's 2020 global blockchian survey from promise to reality ［EB/OL］. ［2023 - 12 - 3］. https：//www2. deloitte. com/content/dam/insights/us/articles/6608_2020-glob-al-blockchain-survey/DI_CIR% 202020% 20global% 20blockchain% 20survey. pdf.

诱致性技术创新理论认为，新技术的预期收益等于新技术的边际风险是决定农户是否采用新技术的临界点，并且知识学习的沉没成本对新技术的采用具有决定性作用（Åstebro，2004）。李娜（2019）等学者认为在这一过程中学习敏捷性尤为重要，学习敏捷性越高的企业越能快速的理解新技术，更快的对其进行应用，从而更快的创造价值。区块链的应用需要使用群体掌握知识。目前，我国既懂农业又熟悉区块链的复合型人才匮乏，且我国的农业经营主体是以小农户为主，文化程度低，对区块链技术原理等的理解不深入（芦千文，2021）。而且，现在几乎所有平台都需要至少最低等的编程知识和平台管理知识，同时平台还需要作出一些努力来培训使用者有效地使用该系统，特别是对发展中国家的农民（Choi et al.，2020）。即使是用户友好的界面，用户也不可避免地与如短信、GPS 坐标、NFC 标签、RFID 标签、二维码、条形码等的数据打交道。甚至，TE - Food、公平链（FairChain）和世界自然基金会试点项目（WWF Pilot）还链接到企业资源规划（ERP）系统，这就对知识学习提出了更高的要求。由此可见，农企在接入区块链平台时对区块链技术进行学习是十分必要的，学习效率严重制约着学习效果。笔者认为区块链技术在农产品供应链中并没有得到大规模的应用，其原因之一可能是受到农企的学习效率这一因素的制约。

另一方面，由于缺乏大量可备选的区块链平台，导致企业高度依赖某个平台（Iansiti and Lakhani，2017）。下游的电商平台具有绝对实力处于垄断地位，具备制定包括追溯水平在内的一系列标准的权力。而上游的农企往往处于弱势且实力有限，属于合作的从属方。鉴于供应链的合作需求，平台往往以主导地位要求合作伙伴具有相同水平的技术成熟度，并对其进行评估审查（Queiroz and Wamba，2019；Shermin，2017）。然而，供应链的经营主体及利益相关者不可能全部处于同等数字化水平（Reyna，2018），这种分歧也影响着农企成功采用区块链技术的愿景。

基于此，本章考虑平台采用区块链技术后，农企不得不付出学习成本。构建了电商平台主导、农企跟随的两阶段博弈模型。通过对比区块链技术应用前后批发价、零售价等决策变量以及农企和电商平台的利润变化，试图回答以下问题：

（1）采用区块链技术对批发价、零售价等决策变量有何影响？

（2）在考虑农企学习效率的情况下，采用区块链技术是否会使供应链整体受益？即在什么条件下采用区块链技术会使电商平台和农企均受益？

第二节　文献评述

区块链技术作为大数据、物联网和人工智能等新一代信息技术中的一员，由于其信息透明、数据不可篡改和可追溯等特点被很多学者认为是解决供应链信息不对称问题的一种有效措施（王旭坪等，2022；Niu et al.，2021）。其中，良好的追溯功能是区块链在供应链中被采用的最重要因素之一。从田野到餐桌进行区块链全流程跟踪溯源，能够实现产品信息的透明化、保障产品的真实性、提振消费者信心，最终提高农产品附加值。

目前，区块链技术在农产品供应链上的研究大致分为三个方面。

（1）农业金融。孙睿（2022）等构建了以中小企业和金融机构为供应链主体的演化博弈模型，通过对比分析采用区块链前后演化稳定点的变化，发现区块链技术不仅能降低金融机构的融资风险，还为解决中小企业融资困难问题提供了新出路；刘露（2021）等运用 Stackelberg 博弈方法，对传统供应链金融模式和区块链供应链金融模式进行了比较分析。他们发现相比传统供应链金融模式，区块链供应链金融模式能够为供应链创造价值；朱兴雄（2018）等研究发现基于区块链技术的供应链金融促进了供应链中相关环节的信用、征信业务，提升了系统的社会效益和经济效益。

（2）农产品追溯。刘亮（2022）等通过分析生鲜供应链中区块链技术投入前后供应链均衡解的变化，来寻求该技术的投资阈值；吴（Wu，2021）等通过构建 Stackelberg 博弈模型，研究生鲜产品供应链是否采用区块链技术的策略问题发现，在生鲜供应链中采用区块链并不是无条件最优策略；林强等（2021）通过对比分析绿色供应链未实施和实施区块链两种情形下的决策发现，当区块链产生的效益较高或者效益较低但市场规模削弱因子较大时，绿色供应链才会实施区块链技术。

（3）智能追溯系统构建。很多学者基于超级账本提出了联盟链的食品供应链系统（Hong，2018）。萨拉赫（Salah）通过以太坊公链平台搭建了跟踪和追溯大豆信息的应用程序（孙传恒，

2021）；林（Lin，2021）也基于以太坊平台搭建了一种基于区块链和 EPC 信息服务的食品安全可追溯系统；在供应链中种养殖企业、检验机构、加工企业、仓储物流企业、零售企业、监管部门整体搭建联盟网络，各企业数据统一同步到区块链网络中（Hang，2020）。例如，阿里巴巴于 2017 年与普华永道、澳佳宝（Blackmores）和恒天然合作，开发了食品信托框架，用于追踪来自澳大利亚和新西兰的乳制品等食品（Shi et al.，2021）。

关于知识学习的问题也有部分学者对其进行了研究，大多集中在知识共享领域。何炳华（2010）等在考虑存在知识学习成本和知识共享成本的基础上，建立了两阶段博弈模型，研究发现当双方的知识互补程度足够高时，能获得好的知识共享绩效；林岩（2011）等以汽车供应链为例，结合知识重组理论和吸收能力理论，针对上游企业的知识对下游企业的创新活动具有延迟促进作用的成因进行了分析；张旭梅等（2009）对影响供应链企业间知识共享过程的因素进行了实证研究，发现企业组织学习能力、技术知识壁垒属性、知识共享激励机制等因素均对知识获取存在显著的影响；商燕劼等（2021）利用多元层次回归和 Bootstrap 方法对影响企业技术创新绩效的因素进行分析，发现知识共享在供应链企业间战略共识与技术创新绩效间起中介作用。綦良群（2022）等研究发现，在知识共享过程中，知识共享水平和知识存量等因素对促进知识共享具有重要作用。

目前，区块链技术融合供应链的研究，鲜有学者从学习效率的视角出发考虑实际应用中供应链主体学习能力的个体差异性。学习效率的优劣直接影响了区块链技术的采用和推广。本章试图通过研究区块链农企学习效率及追溯水平，发现影响农企和平台采用区块链技术的特定条件。

第三节 区块链采用决策中农企和电商平台参与的博弈模型

一、基本假设及模型构建

本节研究农企和电商平台组成的二级有机农产品供应链，农企通过电商平台向市场销售单一的有机农产品。假设电商平台提供区块链技术的硬件部署及软件开发，农企通过员工技能培训及管理培训，从而达到电商平台接入的技术标准。假设市场需求为 D，消费者的效用函数为 U，$U = \theta v - p + \alpha s$，其中 v 为消费者对有机农产品的一般感知效用，$v \in U[0, 1]$；θ 为消费者对有机农产品的信任度，$\theta \in [0, 1]$，θ 越大表明消费者对农产品的信任度越高，消费者购买农产品后的效用越大。当电商平台的溯源水平为 s 时，由于农产品的可追溯性提升，会给消费者带来效用增量 αs（Wu，2021），α 不仅为平台溯源水平对消费者效用的敏感性系数，同时表明消费者对有机农产品可追溯信息的偏好度，α 越大说明消费者越看重产品的可溯源性。

在不采用区块链技术的情况下，由于有机农产品市场存在信息不对称问题，消费者对有机农产品的信任度不高，此时 $0 < \theta < 1$，

$s=0$；在电商平台采用区块链技术的情况下，由于区块链技术的使用可使供应链整体的透明性增加，产品信息真实性有保障，消费者对于可溯源的产品的信任度增加，与文献（Wu，2021）一致，本节在此情况下将 θ 设为 1。

考虑当电商平台采用区块链技术之后，由于电商平台采用区块链技术的目的是对农产品的生产进行跟踪溯源，电商平台将产生溯源成本 $\frac{1}{2}\mu s^2$。μ 为平台溯源的成本系数，μ 越大说明平台溯源效率越低。与平台具有合作关系的农企（供应商）也需要对新技术进行学习，以达到进入区块链电商平台的门槛。平台溯源水平越高，意味着溯源系统能够向消费者披露更多的信息，因此农企需要学习更多且更加深入的知识，农企对区块链技术的学习也更加耗费精力。考虑农企加入区块链系统需要付出一定的学习成本，假设农企学习成本为 λs^2（张旭梅，2008），λ 为农企学习成本系数，λ 越大说明农企学习效率越低。

为不失一般性，本节做出如下假设：①农企和电商平台均为风险中性；②有机农产品的产量全部被市场接收；③$0<\alpha^2<8\mu$，此假设一方面是为了保证采用区块链技术情形下电商平台和农企的最优利润值均存在，另一方面表明平台采用区块链技术后，消费者效用的增加并不是无限大，符合实际情况。

本章用下标 r、f、SC 表示零售平台、农企和供应链，上标 BT 表示采用了区块链技术情境下的参数。全章符号定义如表 5−1 所示。

表 5-1　　　　　　　　　本章符号和符号含义

符号	含义
w	产品批发价
p	产品零售价
v	消费者感知效用
θ	消费者对产品的信任度，$\theta \in [0, 1]$
s	平台溯源水平
α	消费者对产品的可溯源性偏好，$\alpha > 0$
μ	平台溯源成本系数，$\mu > 0$
λ	农企学习成本系数，$\lambda > 0$
D	市场需求
U	消费者效用函数
π_r	电商平台利润函数
π_f	农企利润函数

当电商平台不采用区块链时，此时供应链模式为传统的有机农产品供应链模式，电商平台以批发价 w 从农企处采购农产品，然后将产品以价格 p 售卖给消费者。在此模式下，消费者购买产品之后的效用可表示为：$U = \theta v - p$，易知当效用 $U > 0$ 时，消费者才会去购买商品（Guo et al.，2019），由于消费者对产品感知到的基本效用 v 服从 0 到 1 上的均匀分布，因此可求得市场需求函数为：

$$D = 1 - \frac{p}{\theta} \qquad (5.1)$$

此时电商平台和农企的利润函数分别为：

$$\pi_r = (p - w) D \qquad (5.2)$$

$$\pi_f = wD \qquad (5.3)$$

当电商平台采用区块链技术时，电商平台和农企展开 Stackelberg 博弈，电商平台决策最优溯源水平 s，然后农企根据溯源水平 s 决定批发价 w^{BT}，并将产品出售给电商平台。最后，电商平台以零售价 p^{BT} 售卖给消费者。决策顺序如图 5 - 1 所示。

根据上述模型描述可得消费者效用函数为：$U = (v - p + \alpha s)$，从而求得需求函数为：$D = (1 - p + \alpha s)$。此时电商平台和农企利润函数可表示为：

$$\pi_r^{BT} = (p^{BT} - w^{BT}) D - \frac{\mu s^2}{2} \qquad (5.4)$$

$$\pi_f^{BT} = w^{BT} D - \lambda s^2 \qquad (5.5)$$

二、模型求解

采用逆向归纳法，本章得到电商平台采用区块链技术及不采用区块链技术两种情形下的最优值，结果如表 5 - 2 所示。

以下是不采用区块链情形下最优解的求解过程。

对（5.1）式关于 p 求一阶导数并令其为 0，得：

$$p = \frac{\theta}{2} + \frac{w}{2} \qquad (5.6)$$

将（5.6）式代入（5.3）式得：

$$\pi_f = \frac{w(\theta - w)}{2\theta} \qquad (5.7)$$

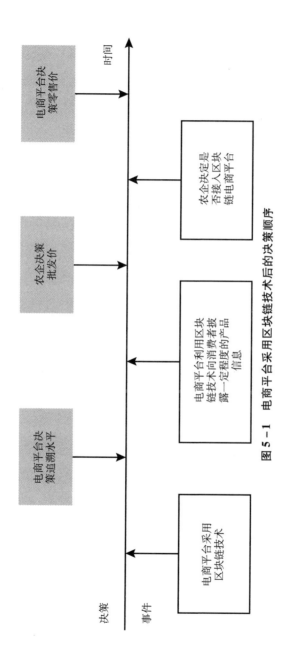

图 5 - 1　电商平台采用区块链技术后的决策顺序

对（5.7）式关于 w 求一阶导数并令其为 0，得 $w^* = \dfrac{\theta}{2}$ 从而

求得 $p^* = \dfrac{3\theta}{4}$。

将 p^*，w^* 代入电商平台和农企的利润函数，得：

$$\pi_r^* = \frac{\theta}{16} \qquad\qquad (5.8)$$

$$\pi_f^* = \frac{\theta}{8} \qquad\qquad (5.9)$$

以下是采用区块链情形下最优解的求解过程：

对（5.3）式关于 p^{BT} 求一阶导数并令其为 0，得：

$$p^{BT} = \frac{\alpha s}{2} + \frac{w}{2} + \frac{1}{2} \qquad\qquad (5.10)$$

将（5.10）式代入（5.5）式，得：

$$\pi_f^{BT} = \left(\frac{\alpha s}{2} - \frac{w}{2} + \frac{1}{2}\right)w - \lambda s^2 \qquad\qquad (5.11)$$

对（5.11）式关于 w^{BT} 求一阶导数并令其为 0，得 $w^{BT} = \dfrac{\alpha s}{2} + \dfrac{1}{2}$

从而求得 $p^{BT} = \dfrac{3\alpha s}{4} + \dfrac{3}{4}$，将 p^{BT}，w^{BT} 代入电商平台的利润函数，得：

$$\pi_r^{BT} = \left(\frac{\alpha s}{4} + \frac{1}{4}\right)^2 - \frac{\mu s^2}{2} \qquad\qquad (5.12)$$

当 $0 < \alpha^2 < 8\mu$ 时，$\dfrac{\partial^2 \pi_r^{BT}}{\partial s^2} < 0$，存在最优决策 s^* 使得平台有最优利润。

对（5.12）式关于 s 求一阶导数并令其等于 0，得：

$$s = -\frac{\alpha}{\alpha^2 - 8\mu} \qquad\qquad (5.13)$$

将（5.13）式代入（5.12）式，得电商平台最优利润为：

$$\pi_r^{BT} = \frac{\mu}{-2\alpha^2 + 16\mu} \qquad (5.14)$$

农企最优利润为：

$$\pi_f^{BT} = \frac{-\alpha^2\lambda + 8\mu^2}{(\alpha^2 - 8\mu)^2} \qquad (5.15)$$

最优零售价和批发价分别为：

$$p^{BT} = -\frac{6\mu}{\alpha^2 - 8\mu} \qquad (5.16)$$

$$w^{BT} = -\frac{4\mu}{\alpha^2 - 8\mu} \qquad (5.17)$$

供应链整体利润为：

$$\pi_{SC}^{BT} = -\frac{2\alpha^2\lambda + \alpha^2\mu - 24\mu^2}{2(\alpha^2 - 8\mu)^2} \qquad (5.18)$$

表 5 – 2　　　　　　　　　　两种情形下的最优解

项目	不采用区块链技术	采用区块链技术（$0 < \alpha^2 < 8\mu$）
产品零售价	$p^* = \frac{3\theta}{4}$	$p^{BT} = -\frac{6\mu}{\alpha^2 - 8\mu}$
产品批发价	$w^* = \frac{\theta}{2}$	$w^{BT} = -\frac{4\mu}{\alpha^2 - 8\mu}$
平台溯源水平	—	$s = -\frac{\alpha}{\alpha^2 - 8\mu}$
电商平台利润	$\pi_r = \frac{\theta}{16}$	$\pi_r^{BT} = \frac{\mu}{-2\alpha^2 + 16\mu}$

项目	不采用区块链技术	采用区块链技术（$0 < \alpha^2 < 8\mu$）
农企利润	$\pi_f = \dfrac{\theta}{8}$	$\pi_f^{BT} = \dfrac{-\alpha^2\lambda + 8\mu^2}{(\alpha^2 - 8\mu)^2}$
供应链利润	$\pi_{SC} = \dfrac{3\theta}{16}$	$\pi_{SC}^{BT} = -\dfrac{2\alpha^2\lambda + \alpha^2\mu - 24\mu^2}{2(\alpha^2 - 8\mu)^2}$

注：表中“＊”表示最优解。

第四节　区块链采用的模型分析

一、决策变量的分析

命题 5 - 1　溯源水平随着消费者对溯源信息偏好度的增加而增加，随溯源水平成本系数的增加而降低，即 $\dfrac{\partial s}{\partial \alpha} > 0$，$\dfrac{\partial s}{\partial \mu} < 0$。

命题 5 - 1 的证明：

对（5.13）式分别关于 α 和 μ 求其一阶导数，得 $\dfrac{\partial s}{\partial \alpha} = \dfrac{\alpha^2 + 8\mu}{(\alpha^2 - 8\mu)^2}$，$\dfrac{\partial s}{\partial \mu} = -\dfrac{8\alpha}{(\alpha^2 - 8\mu)^2}$。由于 $\alpha > 0$，$\mu > 0$，所以 $\dfrac{\partial s}{\partial \alpha} > 0$，$\dfrac{\partial s}{\partial \mu} < 0$。从而结论得证。

当消费者对溯源信息的偏好度增加时，区块链技术的追溯功能可为消费者带来更大的效用，电商平台为了满足消费者的需求会设置较高的溯源水平。但溯源水平同时也受制于溯源成本，当电商平台采用区块链技术导致溯源成本提高时，电商平台为了减少利益让渡就会降低溯源水平，此时溯源信息水平随着溯源成本系数的增加而减少，符合现实情况。

命题 5 - 2 电商平台采用区块链技术后农企会提高批发价，即 $w^{BT} > w$。同时 $\dfrac{\partial w^{BT}}{\partial \alpha} > 0$。

命题 5 - 2 的证明：

计算 $w^{BT} - w = -\dfrac{4\mu}{\alpha^2 - 8\mu} - \dfrac{\theta}{2} = -\dfrac{\alpha^2\theta - 8\mu\theta + 8\mu}{2\,(\alpha^2 - 8\mu)}$，易知分母小

于 0，由于 $0 < \theta < 1$，所以分子大于 0，所以 $w^{BT} > w$，另外 $\dfrac{\partial w^{BT}}{\partial \alpha} =$

$\dfrac{8\mu\alpha}{(\alpha^2 - 8\mu)^2} > 0$，结论得证。

采用区块链技术有机农产品的批发价更高，主要是因为区块链技术的采用能够实现有机农产品信息的透明化、保障产品的真实性、提振消费者信心，从而使市场对有机农产品的需求扩大。农企为了获得更高的利润，因此提高批发价。同时批发价格随着消费者对追溯信息偏好度的增加而增加，主要也是由于消费者对追溯信息的偏好度 α 越大，平台会设置越高的溯源水平，消费者对产品的信任度更高，进一步扩大了市场对有机农产品的需求，产品的批发价随之升高。

命题 5 - 3 平台采用区块链技术情形下产品售价提高，即 $p^{BT} > p$，同时 $\dfrac{\partial p^{BT}}{\partial \alpha} > 0$，$\dfrac{\partial p^{BT}}{\partial \mu} < 0$。

命题 5 - 3 的**证明**：

计算 $p^{BT} - p = -\dfrac{3\left(\alpha^2\theta - 8\mu\theta + 8\mu\right)}{4\left(\alpha^2 - 8\mu\right)}$，易知分子小于 0，由于

$0 < \theta < 1$，所以 $p^{BT} > p$，对零售价格关于 α 和 μ 求一阶导数，可

得 $\dfrac{\partial p^{BT}}{\partial \alpha} = \dfrac{12\alpha\mu}{\left(\alpha^2 - 8\mu\right)^2} > 0$，$\dfrac{\partial p^{BT}}{\partial \mu} = -\dfrac{6\alpha^2}{\left(\alpha^2 - 8\mu\right)^2} < 0$。结论得证。

由命题 5－1 可知，在采用区块链技术的情况下农企提高了批发价格，因此产品售价提高。此外，当消费者追溯信息偏好度 α 增大时，溯源水平 s 越高，而市场中的消费者对高溯源水平的产品的购买意愿较高，因此零售价格上升。不难看出，当追溯成本系数越大时，电商平台为了减少追溯成本往往设置低溯源水平，消费者对低溯源水平的产品的支付意愿不高，因此零售价格随之降低。

二、供应链成员利润及其变化趋势分析

根据上述命题 5－2 和命题 5－3，可以看出区块链技术的采用对产品的零售价和市场需求均有正向促进作用。然而，从农企的角度出发，区块链技术采用与否与其成本的大小密切相关。究竟采用区块链技术能否使电商平台和农企共同受益，实现价值共创？下面本章将分析（采用、不采用）两种不同情形下，电商平台和农企的利润，给出最优决策的参数条件。

命题 5－4 对于电商平台而言，采用区块链技术后平台总是受益；而对于农企而言，只有当以下两个条件有一个被满足时，农企才能从区块链中获益，此时该约束为农企和电商平台双方均

从区块链技术的采用中受益的临界条件。其中

$$\mu_1 = \frac{\alpha^2\theta - \sqrt{\alpha^2[(-8\theta+8)\lambda + \alpha^2\theta)]}}{8\theta - 8}$$

（a）$\lambda < \dfrac{\alpha^2}{8}$

（b）$\lambda > \dfrac{\alpha^2}{8}$ 且 $\mu > \mu_1$

命题 5－4 的**证明**：

计算 $\pi_f^{BT} - \pi_f = \dfrac{-\alpha^2\lambda + 8\mu^2}{(\alpha^2 - 8\mu)^2} - \dfrac{\theta}{8} = -\dfrac{\alpha^4\theta - 16\mu\alpha^2\theta + 8\alpha^2\lambda + 64\mu^2\theta - 64\mu^2}{8(\alpha^2 - 8\mu)^2}$（ⅰ），

易知分母大于 0，将分子整理为 μ 的一元二次表达式，得 $(64\theta - 64)\mu^2 - 16\alpha^2\mu\theta + \alpha^4\theta + 8\alpha^2\lambda$，令其为 0，解方程得 μ 的一个正根为 $\mu_1 = \dfrac{\alpha^2\theta - \sqrt{\alpha^2[(-8\theta+8)\lambda + \alpha^2\theta]}}{8\theta - 8}$。

计算 $\mu_1 - \dfrac{\alpha^2}{8} = \dfrac{\alpha^2\theta - \sqrt{\alpha^4\theta - 8\lambda(\theta-1)\alpha^2}}{8\theta - 8} - \dfrac{\alpha^2}{8} =$

$-\dfrac{-\alpha^2 + \sqrt{\alpha^2(\alpha^2\theta - 8\lambda\theta + 8\lambda)}}{8(\theta - 1)}$（ⅱ）。

（1）（ⅱ）式分子关于 λ 递增，当 $\lambda = \dfrac{\alpha^2}{8}$ 时，分子等于 0。所以当 $\lambda > \dfrac{\alpha^2}{8}$ 时，易知（ⅱ）式大于 0，则当 $\dfrac{\alpha^2}{8} < \mu < \sqrt{\dfrac{\lambda\alpha^2}{8}}$ 时，（ⅰ）式分子大于 0，则 $\pi_f^{BT} < 0 < \pi_f$，当 $\sqrt{\dfrac{\lambda\alpha^2}{8}} < \mu < \mu_1$ 时，（ⅰ）分子大于 0，此时 $0 < \pi_f^{BT} < \pi_f$。同时 $\mu > \mu_1$ 时，（ⅰ）式分子小于 0，此时 $\pi_f^{BT} > \pi_f$。

（2）当 $\lambda < \dfrac{\alpha^2}{8}$ 时，（ii）式小于 0，则当 $\sqrt{\dfrac{\lambda\alpha^2}{8}} < \dfrac{\alpha^2}{8} < \mu$ 时，（i）式分子小于 0，此时 $\pi_f^{BT} > \pi_f$；

命题 5 - 4 表明，虽然电商平台在采纳区块链的场景下要付出溯源成本和更高的采购价格，但由于信任度的提高和产品的可溯源性而导致需求扩大，对电商平台的好处更大。因此，电商平台更倾向于采用区块链。如象山"红美人"柑橘，在采用区块链技术后，2020 年销量较去年同一时期翻了一番，并且其亩产效益远超普通柑橘①。

下面分析农企的决策。正如命题 5 - 4 所示，只有当（a）农企的学习效率足够高，或（b）农企的学习效率和电商平台的溯源效率均为低水平时，农企才会从区块链中获益，才会愿意加入区块链电商平台，此时区块链技术的采用使得供应链整体效益增加。条件（a）很直观，当农企的学习效率处于高水平时，加入区块链平台后农企需要付出的学习成本很低，同时，由于消费者对产品信任度的提高导致需求增大，并且单位批发价上升。此时区块链技术为农企带来的收益远远高于其付出的成本。基于此，农企加入基于区块链的电商平台是最优策略。关于条件（b），当电商平台溯源效率低时，虽然产品需求和单位批发价因为低溯源效率而处于低水平，但是低溯源效率同时也意味着低溯源水平，因此尽管农企学习效率低，但此时农企的学习成本并没有超过其在加入区块链平台后获得的效益，即当农企和平台的效率均处于

----

① 澎湃新闻网. 数字赋能农业！象山"红美人"成为阿里示范案例［EB/OL］.（2020 - 12 - 16）［2024 - 1 - 9］. https：//m. thepaper. cn/baijiahao_10423535.

低水平时，反而对农企的好处更大，此时，农企加入区块链电商平台仍然是有利可图的。

根据命题 5 – 4，当农企和电商平台在引入区块链情形都获益时，即（a）$\lambda < \dfrac{\alpha^2}{8}$ 或（b）$\lambda > \dfrac{\alpha^2}{8}$ 且 $\mu > \mu_1$，$\mu_1 = \dfrac{\alpha^2\theta - \sqrt{\alpha^2\left[(-8\theta + 8)\lambda + \alpha^2\theta\right]}}{8\theta - 8}$，采用区块链技术进行追溯对农企和电商平台的利润有何影响。我们对其进行灵敏度分析可得命题 5 – 5。

命题 5 – 5 当农企和电商平台均从区块链中受益时，即供应链采用区块链技术时，电商平台利润随着追溯成本系数的增大而减小，$\dfrac{\partial \pi_r^{BT}}{\partial \mu} < 0$；而农企的利润在不同条件下，有不同的变化趋势，具体情况如下：

（a）当 $\lambda < \mu$ 时，$\dfrac{\partial \pi_f^{BT}}{\partial \mu} < 0$

（b）当 $\lambda > \mu$ 时，$\dfrac{\partial \pi_f^{BT}}{\partial \mu} > 0$。

命题 5 – 5 的**证明**：

对（5.15）式关于 μ 求一阶导数，得 $\dfrac{\partial \pi_f^{BT}}{\partial \mu} = -\dfrac{16\alpha^2(\lambda - \mu)}{(\alpha^2 - 8\mu)^3}$，由假设（3）知，分母小于 0，此时若要判断此一阶导数的正负，则需要判断分子括号内的正负即可，易知，当 $\mu > \lambda$ 时，分子小于 0，因此 $\dfrac{\partial \pi_f^{BT}}{\partial \mu} < 0$；当 $\mu < \lambda$ 时，分子大于 0，此时 $\dfrac{\partial \pi_f^{BT}}{\partial \mu} > 0$，结论得证。

由命题5-3知，产品零售价格和需求量随着溯源效率的降低而下降，因此平台溯源效率越低，区块链为平台带来的利润越少。而对农企来说，当农企学习效率高时，他更倾向于加入高溯源效率的电商平台。电商平台的溯源效率越高，产品需求量和批发价均增大，同时由于农企学习效率高，所以农企学习成本的增幅小于其收入的增幅，从而当农企学习效率高时，农企利润随着平台溯源效率的增大而上升，随着平台溯源效率的降低而减少；而当农企是低学习效率企业时，加入低溯源效率的电商平台对其来说是更好的选择。平台溯源效率越低，溯源水平就会急剧下降，虽然产品需求量和批发价会因此降低，但学习成本也会因为急剧下降的溯源水平而大幅降低。这种情况下，追溯效率越低，农企的学习成本就相对越小，利润就越高。

结合命题5-4和命题5-5，我们接下来分析当电商平台和农企均从区块链中受益的时候，供应链整体利润随着追溯成本系数如何变化。我们可以得到命题5-6。

命题5-6 （a）当$\lambda < \dfrac{\alpha^2}{8}$时，供应链整体利润随着溯源效率的降低而呈现下降趋势，即$\dfrac{\partial \pi_{SC}^{BT}}{\partial \mu} < 0$；（b）当$\lambda > \dfrac{\alpha^2}{8}$且$\mu > \mu_1$，

$\mu_1 = \dfrac{\alpha^2 \theta - \sqrt{\alpha^2 \left[(-8\theta + 8)\lambda + \alpha^2 \theta \right]}}{8\theta - 8}$，供应链整体利润随着溯源效

率的降低呈现先增后减的趋势。

命题5-6的证明：

$\dfrac{\partial \pi_{SC}^{BT}}{\partial \mu} = -\dfrac{\alpha^2 (\alpha^2 + 32\lambda - 40\mu)}{2(\alpha^2 - 8\mu)^3}$，易知当$\lambda < \dfrac{\alpha^2}{8}$时，分子小于0，

所以 $\dfrac{\partial \pi_{SC}^{BT}}{\partial \mu} < 0$。当 $\lambda > \dfrac{\alpha^2}{8}$ 时，将 $\alpha^2 + 32\lambda - 40\mu$ 看作 μ 的函数，当

$\mu = \dfrac{(\alpha^2 + 32\lambda)}{40}$ 时，分子等于 0，令 $\dfrac{(\alpha^2 + 32\lambda)}{40} = \mu_2$，易知当 $\lambda >$

$\dfrac{\alpha^2}{8}$ 时，$\mu_2 > \mu_1$，所以当 $\mu_1 < \mu < \mu_2$ 时，分子大于 0，此时 $\dfrac{\partial \pi_{SC}^{BT}}{\partial \mu} > 0$，

当 $\mu > \mu_2$ 时，$\dfrac{\partial \pi_{SC}^{BT}}{\partial \mu} < 0$。

供应链整体利润是由农企利润和电商平台利润两部分组成的。命题 5 – 4 的条件（a）被满足时，说明农企是高学习效率的企业，由命题 5 – 5 可知溯源效率越低，农企和电商平台的利润都呈现下降趋势，因此，供应链整体利润下降。反观命题 5 – 4 的条件（b），这时农企学习效率处于低水平，对于农企来说，溯源效率越低，农企的利润反而越高，此时农企利润的增长速度大于电商平台利润的下降速度，供应链利润仍是逐步攀升，当溯源效率超过某一阈值时，农企增长的利润不能弥补电商平台损失的利润，整个供应链的利润开始呈现下降趋势。

第五节　算例及案例分析

上一节研究了两种不同情景下的供应链决策，并比较了利益相关者的最优决策和这些情景下的供应链绩效。在本节中，为了更好地表示和分析两种不同模式下供应链成员的最优决策及其利润变化，我们使用 Maple 对两种不同场景下的供应链利润模型进

行数值模拟，探讨得出结论的正确性。

一、采用区块链技术时各决策变量的变化趋势

本章中 α 是指消费者对追溯信息的偏好，也表示产品可追溯性为消费者带来的边际效用，而 μ 表示产品可追溯性为电商平台带来的成本。这两个参数直接影响到决策变量的变化趋势，为更加直观的观察 α 和 μ 如何影响决策变量，下面对其进行数值仿真。

α 和 μ 分别影响决策变量 s，w^{BT}，p^{BT} 的变化趋势图可表示为图 5-2 和图 5-3。从图 5-2 和图 5-3 可以明显看出，采用区块链情况下的溯源精度、批发价和零售价随着偏好度的增加呈现上升趋势，随着溯源水平的成本系数的增加呈现下降趋势。即当消费者对产品信息越敏感，采用区块链为消费者带来的效益越大。区块链增加了信息的透明度，增加了消费者对产品的信任度从而增强了消费者对产品的购买意愿；基于此平台会更愿意设置较高的溯源水平，然而对于农企来说较高的溯源水平意味着过高的成本，因此农企需要提高批发价来保证自己的收益。

另外，当溯源水平的成本系数较大时，溯源精度、批发价和零售价三个决策变量中溯源精度受其影响最大，这表明使用区块链技术造成的成本因素应该得到电商平台和农企的重视。当溯源成本系数较大时，电商平台会大幅降低产品溯源水平以减少溯源成本。同时产品的零售价和农企的议价能力都随着溯源水平的降低而减小。

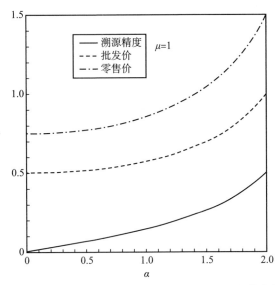

图 5 - 2 采用区块链情况下消费者信息偏好度对各决策变量的影响

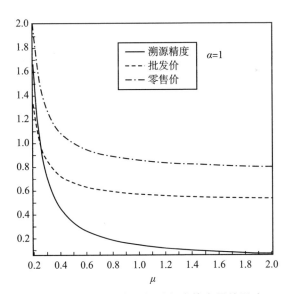

图 5 - 3 溯源成本系数对各决策变量的影响

二、采用区块链技术时农企利润变化趋势

命题 5 – 5 表明当供应链采用区块链技术后，λ 和 μ 的取值范围不同时，农企利润变化趋势亦不同。具体农企利润变化趋势如图 5 – 4（a）和图 5 – 4（b）所示。图 5 – 4（a）表明若农企的学习效率低，则其利润随着溯源成本系数的增加而上升；图 5 – 4（b）说明若农企学习效率高，则其利润随着溯源成本系数的增加而下降。这给我们一个管理学启示：高效率的企业应该与高效率的企业相对接合作，双方才能获得更多的利益。

同时，通过对比图 5 – 4（a）和图 5 – 4（b）可以看出，不管农企是高效率还是低效率企业，当消费者溯源信息偏好度越大时，其对农企利润的影响程度就越大。农企是高效率企业时，消费者溯源信息偏好度越高，农企利润上升速度越快；农企是低效率企业时，消费者溯源信息偏好度越高，农企利润下降速度也越快。这表明农企在加入区块链电商平台后，消费者溯源信息偏好度是农企为获得更高利益而需要重要考虑的因素之一。针对这种情况，区块链电商平台和农企应该采取措施增强消费者对食品可溯源的意识，积极宣传区块链溯源技术在食品安全方面的重要性。

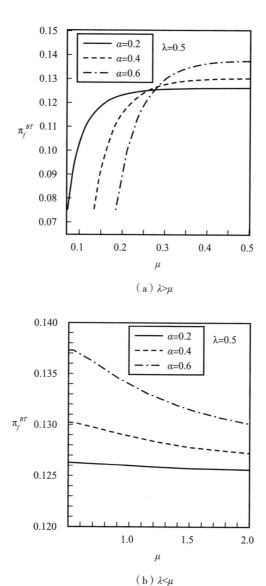

（a）$\lambda > \mu$

（b）$\lambda < \mu$

图 5 - 4　采用区块链技术时溯源水平成本系数 μ

在 $\lambda < \mu$ 和 $\lambda > \mu$ 两种情况下对农企利润的影响

　　注：三条曲线分别代表 $\alpha = 0.6$，0.4，0.2 的情况下，加入区块链平台后的农企利润随着追溯效率的变化而变化的趋势。其中 α 越大，农企利润受溯源效率的影响越大

案例一：步步鸡

"步步鸡"项目通过众安科技安链云提供的区块链技术，杭州沃朴物联提供物联网智能设备和防伪技术，于2018年6月上线。它通过区块链、物联网和防伪技术可以追溯每只鸡的成长过程。"步步鸡"养殖基地在皖南山区的农村，由当地农民养殖。在鸡的成长过程中，项目方要求所有鸡必须放养，出栏周期为180天（饲料鸡一般为45天），日常喂食蔬果、五谷杂粮及黑水虻，每只鸡每天还需要保持一定的运动量。每只鸡脚上会绑定唯一的脚环令牌，可以实时记录鸡的地理位置和计步信息。如果防伪标识在送到用户手上之前被撕毁，数据就立即无效。这样能够防止信息被多次复制，实现每只鸡的防伪溯源。

"步步鸡"农场将从鸡脚上采集到的数据实时同步上链，保证了信息和数据的真实性，消费者收到"步步鸡"后可以通过产品溯源 App 进行防伪溯源信息查询，获得关于这只鸡的生态培育记录、饲料疫苗信息、种植基地信息、检测报告及质检证书等，满足了消费者对健康食品的市场需求。

"步步鸡"打通了从鸡苗的供应源、养殖基地到屠宰加工厂、检疫部门、物流企业等环节的信息壁垒，实现了每只鸡从鸡苗到成鸡、从鸡场到餐桌全过程的透明化。前端采集的数据会实时同步上链，并接入安链云生态联盟链，所有信息通过区块链进行流转。2018年，首批出栏的上万只"步步鸡"被抢购一空①。2020 年，该农场销量达 2000 万只，平均售价高达 238 元/只。

案例来源：每日经济新闻. 探访众安科技区块链落地项目"步步鸡"如何打破农产品信任围墙［2018－03－05］. https：//baijiahao. baidu. com/s？id = 1594103945509680468&wfr = spider&for = pc.

三、采用与不采用区块链技术农企的利润比较

根据命题 5-4，当 λ 和 μ 满足不同条件时，农企的最优决策不同。其中参数范围具体如图 5－5 所示，其中图 5－5（a）和图 5－5(b) 表示命题 5－4 中条件（a）和（b）。不同条件下，采用和不采用区块链技术两种情形下农企利润变化趋势图如图 5－6 所示，其中假设 $\theta = 0.8$，$\alpha = 2$。

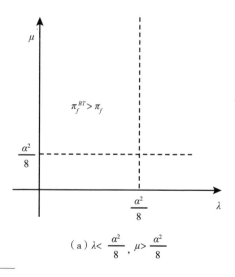

（a）$\lambda < \dfrac{\alpha^2}{8}$，$\mu > \dfrac{\alpha^2}{8}$

① 光明网. 吃一只"知根知底"的鸡［EB/OL］.（2018－01－30）［2024－1－9］. https：//epaper. gmw. cn/wzb/html/2018－01/30/nw. D110000wzb_20180130_8－07. htm.

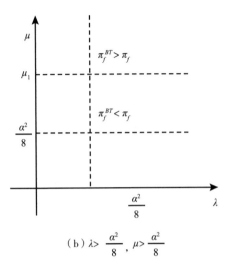

（b）$\lambda > \dfrac{\alpha^2}{8}$，$\mu > \dfrac{\alpha^2}{8}$

图 5 – 5　农企加入区块链电商平台情况下参数的范围

如图 5 – 6（a）所示，当满足命题 5 – 4 中条件（a）时，农企学习效率高，其学习成本低，加入平台获得的利润高于不加入的利润，这时农企会选择加入区块链电商平台。另外，从图中可以看出农企利润的差值随着 μ 的增加而减小，表明虽然农企学习效率高，但是与之具有合作关系的电商平台若是低效率企业，那么农企加入区块链电商平台后获益不高，利润上升空间小。

如图 5 – 6（b）所示，当满足命题 5 – 4 中条件（b）时，农企学习效率低，只有 $\mu > \mu_1$ 时，农企加入区块链电商平台才是有利可图的。而且，当 $\mu < \mu_1$ 时，农企不愿意加入区块链电商平台的原因有二：其一是农企的利润在加入区块链电商平台后为负（见图 5 – 6（b）的 S_1 区域），这是因为农企学习效率低，而电商平台溯源效率高，高溯源水平为农企带来的学习成本高于其带来的收入，导致农企利润为负；其二是农企利润在加入区块链电

商平台后为正，但是比不加入时的利润小（见图 5-6（b）的 S_2 区域）。这时电商平台溯源效率降低，溯源水平降低，从而减少农企的学习成本，这时区块链为农企带来的利润为正，但是仍低于传统模式下的利润。

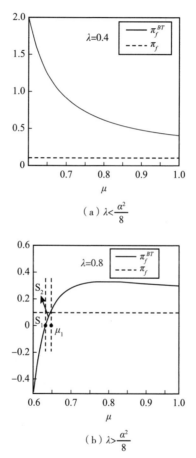

（a）$\lambda < \dfrac{\alpha^2}{8}$

（b）$\lambda > \dfrac{\alpha^2}{8}$

图 5-6 当 λ 满足不同条件时，采用区块链技术和不采用区块链技术两种情形下溯源水平成本系数 μ 对农企利润的影响

注：S_1 表示农企加入区块链平台后利润为负；S_2 表示农企加入区块链平台后可获得利润，但是小于不加入时的利润。两种情况下农企均不会加入区块链平台。

因此，对于高学习效率的农企来说，加入区块链电商平台相比不加入是更优策略；而对于低学习效率的农企，应该重视合作伙伴——电商平台的溯源效率，从而有针对性地作出决策。

案例二：赣南脐橙链

赣州脐橙种植面积达 178 万亩，产量 140 万吨，均居世界第一。赣南脐橙链以赣州市人民政府为指导监管单位，果业局和大数据局作为该项目的管理执行单位，赣州链橙科技有限公司为该项目的承接实施单位。赣南脐橙链采用区块链技术和彩码技术，积极推进实施赣南脐橙品质品牌溯源系统。赣南脐橙链整合了农产品合格证管理系统、农产品质量安全追溯系统、赣南脐橙优品区块链防伪系统、赣南脐橙优品商城管理系统四大系统。目前，"赣南脐橙链"采用线上和线下管理相结合的方式，以保证果品和标签的一致性。在生产端，利用区块链防伪溯源的特点保存数据，并在销售的赣南脐橙上贴上独特的彩码防伪标签，实现了赣南脐橙的识真打假、保质增收。普通二维码颜色单一且很容易仿冒，而融入区块链技术的彩码具有不可篡改的特性，无法冒防。比如，果农和果企需要在系统后台进行注册并通过审核，才能申请脐橙箱贴和果贴防伪溯源标签。消费者可以通过扫描"赣南脐橙正品防伪溯源标签"，了解果园、采摘、收储、加工、销售等每一个环节的信息。

赣州市果业局局长介绍说："区块链助力高品质，它有多方面的含义，首先，大数据可以为我们生产优质脐橙提供数据模型，便于我们制定后续的生产技术措施；第二，我们通过区块链技术建立优质产品供应链，使脐橙能够按优质优价的原则，分类进入市场，保证脐橙的品质。对于消费者而言，他可以通过扫描二维码，直接识别什么样的脐橙是真正的好脐橙，用我们的一句口号叫好果上'橙链，好吃看得见'；另外从生产者角度来说，通过认证的优质脐橙能够卖出好价钱，让生产者受益。"

数据显示，截至 2020 年，已有 7 万多家赣南脐橙经营者入驻"赣南脐橙链"，其中约 6 万家成功通过审核，20 多个赣南脐橙品牌采用了"赣南脐橙正品防伪溯源标签"，并且已经生成100 多万枚彩码区块链标签。数字果园、精准种植、科学预警、智慧营销、区块链溯源和农事指导等六大功能，使赣南脐橙种植在水电方面的成本下降30%，果园每亩增产约15%，亩均增效1500 元，综合经济效益提高20%。

（案例来源：利用区块链防伪溯源 数字化赋能赣南脐橙产业高质量发展［2020－11－24］．http：//df．youth．cn/dfzl/202011/t20201124_12589198．htm．）

案例三：砀山梨

安徽省砀山县盛产砀山梨，素有"世界梨都"之称。砀山县农户通过政府牵线的电商平台将农产品卖出乡镇、走向全国，这一思路帮助砀山县打开销路，逐渐形成了以水果加工为纽带的产业群。然而打开市场之后，各式各样的假冒砀山梨层出不穷。外地人打着砀山梨的品牌走量、拼价格，对砀山梨的优质品牌造成了很大损害。农产品无法溯源，消费者难辨真伪，砀山县的农户们难以找到对策。同时，尽管砀山梨通过电商渠道卖了很多，但是仍和传统销售模式下的价格差不多，价格一直提不上去。

从"世界梨都"到"中国水果电商之都"再到"中国区块链第一村"，砀山已经率先摸索出一条银政企联手、"产销融"一体化的现代农业之路。从 2020 年 9 月起，安徽省砀山县人民政府、砀山县商务局、中国农业银行安徽省分行与蚂蚁链展开合作，引入蚂蚁链溯源技术为砀山梨搭建正宗原产地数字化"品质＋食品"安全保障体系。AIot 数字农场，可以对果园的风力风向、光照、降雨以及二氧化碳的含量等进行实时监测。基于蚂蚁链的商品溯源应用，每个砀山梨都有了自己的电子身份证——溯源二维码，持"证"出村。消费者仅需通过支付宝扫一扫，便可以查询了解每一箱砀山梨和梨膏从生产到销售的全链路，包括产地、生产日期、物流、检验等相关信息。引入蚂蚁链技术除了让砀山梨有了溯源依据，也将酥梨销售、物流等可信数据搬上平台，撬开了银行等金融机构基于可信数据资产开展农村金融的口子。通过蚂蚁链，砀山县实现了农业全产业链"商流、物流、资金流、信息流"的四流合一，解决了商户与银行之间的信任问题。当地农户的每一单交易、物流数据都会在链上留存记录，成为不可篡改的信用凭证，银行等金融机构可以直接基于链上的流转信息来精准助贷，降低农村金融的服务成本，提高金融服务效率，打通服务实体经济及乡村振兴的"最后一公里"。

在"产"上，砀山在与阿里云合作的"一号梨园"里，通过物联网设备为梨园提供实时农业生产管理服务。在"销"上，蚂蚁链推出的基于区块链技术的可信农业模式，消费者用手机扫一扫就能看到梨产品的生产工艺和包装、发货信息，建立生产端到消费者端的信任，同时基于区块链商流，帮助农户与经销商建立高效的贸易模式，获得便捷的金融服务。在"融"上，以网商银行为代表的科技银行为涉农县域建立专属的授信模型，农户的每一部手机都成为一个银行网点，随时可以获得信用贷款。

平台上线两个月内已覆盖企业超过200家，农行安徽分行实现放款1300万元，促进电商销售额同比增长20%以上。作为国内首个基于区块链的乡村振兴样本，在首届2020世界数字农业大会上，砀山模式以"区块链技术帮助乡村振兴区域特色农作物全产业链"获评"世界数字农业十大技术成果"。

（案例来源：财经移动新媒体．"砀山区块链第一村"引发上链潮 乡村振兴的底层逻辑是什么［2021－07－22］. https：//baijiahao. baidu. com/s?id = 1705 947561740301326&wfr = spider&for = pc.）

第六节　研究结论及管理启示

一、研究结论

假冒伪劣产品的存在直接影响生态农业的健康发展。虽然传统的可追溯系统可以为消费者提供透明的产品信息，但生态产品的质量仍然无法得到有效保障。区块链技术是一种新兴的追溯技术。该技术的应用不仅可以增强信息的抗篡改能力和可信度，还可以提高监管和治理功能。然而，在系统、设备、人力资源等方面的巨大投资是采用区块链技术的障碍，特别是弱势的中小农业企业。因此，采用或不采用区块链技术是有机农业供应链成员面临的重要战略决策。

首先，本章分析了区块链技术是如何赋能生态农产品供应链，然后讨论了将区块链技术引入供应链后，每个参与者的支付成本。其次，在考虑区块链技术费用的情况下，构建了以最优价格和最优可溯源水平为变量的两级供应链（即农业企业电商零售平台）绩效模型。最后，通过对比分析了有无区块链技术的供应链中，参与实体和整体供应链利益的关系，可以得出以下结论。

（1）利用区块链技术进行生态农产品的溯源，以此增强供应链主体间信息的透明度和消费者对产品的信任度，会带来一系列的产品批发价、零售价格上涨，有机农产品需求增大。

（2）在生态农产品供应链中实施区块链，对电商平台来说总是最优策略，但是对于农企来说，加入区块链电商平台并不是无条件最优策略，其是否加入区块链电商平台与其学习成本系数、电商平台溯源成本系数和消费者对溯源信息的偏好度三大因素之间的关系相关。只有满足农企学习效率为高水平，或农企学习效率和电商平台的追溯效率均为低水平时，采用区块链技术可使农企和电商平台共同受益，实现双赢。反之，采用区块链技术只能使电商平台受益。

二、管理启示

（1）当农企是高学习效率的企业时，加入区块链电商平台是更优策略。此时区块链电商平台和农企应该积极宣传区块链溯源技术在食品安全方面的重要性，增强消费者对食品信息可溯源的意识，提高消费者对产品溯源信息的偏好度，提高消费者对可溯源性的正确认知程度。当农企是低学习效率的企业时，若此时农企加入区块链电商平台，则农企需要关注其合作伙伴——电商平台的溯源效率，当电商平台的溯源效率也处于低水平时，两者才能创造更高的利润，实现双赢。同时，市场中的消费者对产品的溯源信息的偏好度因素也是影响农企和电商平台利润的重要因素。当偏好度处于高水平时，虽然能提高追溯水平、提高市场需求和产品价格，但较高的溯源水平对农企和平台来说也意味着较高的成本。因此，农企应根据自身学习效率情况理智地作出相应决策。

（2）由于供应链整体利益的变化主要受农企利润的变化趋势影响，这意味着电商平台并不能一味地将采用区块链技术作为自己的最优策略，而应该考虑采用区块链技术之后对与自己合作的农企的影响。当农企加入区块链电商平台的成本太高时，将不会有供应商愿意加入，此时若电商平台仍想采用区块链技术，那么电商平台可能需要采取一定的措施保证农企的收入，例如与农企签订收益共享契约等。

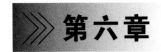

第六章

区块链赋能生态农产品
供应链的经营模式

区块链技术融入生态农产品供应链系统后，以"区块链＋"认证溯源创新了供应链的经营模式。在线下业务场景中，消费者通过扫描条形码或二维码验证商品的区块链可追溯认证方式很受欢迎；类似地，对于线上的业务场景，基于区块链的电子商务认证方式更受欢迎。在这种模式下，消费者浏览网页可以验证生态农产品种植、加工、物流等信息，同时预订产品。然而，鲜有研究深入生态农产品的经营模式，并使用定量方法来研究两种模式的优劣。根据当前现实世界的线上线下业务情境，本章首先概念化了两个模型。利用 Stackelberg 博弈模型对供应链利润和消费者剩余进行比较，并以"象山红美人"为案例进行分析。本章的管理启示也适用于其他需要这种经营服务的工业产品。

第一节 研究背景和动机

生态农产品比普通农产品更富有营养更健康（Gomiero，2018；Yadav，2016）。近年来，生态或者有机农产品越来越受到消费者的青睐，总体生产规模不断扩大。生态或有机农产品供应链的经营模式有直销、农业超市对接、社区支持农业（CSA）和加盟店等多种经营模式（Agbo et al.，2015；Li and Wang，2019；Milford et al.，2021；郑琪，2019）。

区块链技术在农业领域的应用打破了传统农产品供应链的经营模式，出现了"区块链+"溯源认证经营模式（Blockchain Traceability Certification Model，BTM）和"区块链+"电商经营模式（Blockchain-based E-commerce Model，BEM）等新的供应链经营模式。这些经营模式的创新为区块链与供应链的实践，区块链与实体经济的融合带来了新的契机（Friedman and Ormiston，2022；尚杰等，2021；刘如意等，2020）。因此，有必要对这些新兴的供应链经营模式进行比较研究，促进供应链合作，从而加快区块链的实施和应用，提高供应链的绩效。首先，我们根据农业企业营销的实际情况，概念化了两个模型，并对其进行了如下描述。

定义6-1 "区块链+"溯源认证经营模式（BTM）是指消费者直接在线下门店购买赋有区块链标签的农产品，线下门店提供支持可追溯源的经营模式。

所有消费者对生态农产品的真实质量非常关注。其中一部分消费者对有机标签或生态认证的信息十分敏感（Chen et al., 2020）。目前，在超市和加盟店销售的区块链支持的农产品，很多都实现了"一物一码"的标签，而不再是传统的"一批一码"。在这样的线下业务场景中，消费者通过扫描标签，如 NFC 标签、RFID、二维码和二维条码，获取生态农产品的溯源信息。区块链为有机农产品供应链提供可追溯、非篡改、公开透明的信息（Azzi et al., 2019；Ren et al., 2021）。

BTM 是一个融合了区块链可追溯技术的敏捷经营模式模型。敏感的消费者在购买商品之前，不再需要寻找陈列在商品附近的纸质印刷证书或执照，来说服自己相信商品的质量。消费者通过使用手机扫描商品二维码，获得详细的农产品信息。因此，BTM 通过区块链创新，抛弃了纸质打印的认证或证书。这样便于消解信息不对称，抑制"柠檬市场"（Hu et al., 2021）。生态农产品时效性要求高，对储存和运输的要求高。基于这些特征，学者们结合物联网、边缘计算等新兴技术，构建区块链认证溯源系统，以避免陷入虚假认证的机会主义行为（Bumblauskas et al., 2020；Casino et al., 2019 年）。例如，中兴云链构建了区块链溯源防伪系统，可对有机大米进行真伪验证。沃尔玛超市采用 IBM 的区块链跟踪芒果和猪肉（Schmidt and Wagner, 2019）。

定义 6-2 "区块链＋"电商经营模式（BEM）是指消费者在网上商店购买农产品，并在互联网终端验证农产品是否符合有机标准的经营模式。

　　另一个新兴的生态农产品经营模式是 BEM，消费者可以在浏览网页的同时查看可追溯性信息并购买有机产品。这种模式在在线业务场景中越来越受消费者欢迎。随着区块链技术的进步，许多电子商务平台在其应用程序或网站中开始集成可追溯功能，而不再是单纯的认证信息（Kamble et al.，2019）。BEM 推动了生态农产品电商的转型升级，提升了电商的可信度和效率，实现了零中介、高度透明的运营模式，为消费者购买货真价实的生态农产品提供了保障（Treiblmaier and Sillaber，2021；Liu and Li，2020；Kamble et al.，2020），并且减少了消费者搜寻产品信息的时间成本（许竹青等，2013）。例如，北大荒集团在基于区块链技术的"善粮味道"平台上销售粮食（付豪等，2019）；Agri-Digital 是农产品交易平台，提高了农产品供应链的效率和透明度；阿里巴巴、普华永道、恒天然公司和澳佳宝集团共同设计了基于区块链的食品信任框架，用于追踪来自澳大利亚和新西兰的乳制品（Shi et al.，2021）。

　　作为一种颠覆性创新技术，在供应链延伸的经营模式中采用区块链技术将对绩效产生何种影响，能否最终提高消费者剩余，目前的研究尚未探讨（Wu et al.，2021）。一些学者认为区块链技术不仅改善了农业经济信息的收集和传递方式，同时降低了信息搜索和信息可追溯的费用（Schmidt and Wagner，2019；Wang et al.，2021），并推动了信息化管理供应链（Stranieri et al.，2021）。另一部分学者则认为运营成本太高，难以改善食品安全管理水平是区块链技术投入实际应用的最大障碍（Hong et al.，2021）。区块链技术会产生较高的转换成本，这与供应链的利润在短时间内不匹配。遗憾的是，鲜有文献使用定量的方法来验证新的供应链经营模型是否可以增加生态农产品供应链绩效。在生态农产品供应链中应用区块链技术后，若利润低于成本，则是得不偿失、"赔本赚吆喝"；若利润高于成本，消费者剩余高，则证明区块链技术能把"蛋糕做大"，有利于有机农产品供应链的发展。

综上所述，区块链技术融合生态农产品供应链系统后，涌现出分别应用于线下和线上的供应链经营模式，以下研究问题尚待探讨。

第一，与传统农产品供应链经营模式相比，两种"区块链＋"供应链经营模式在线下和线上的商业场景中，是否能使农企和消费者的收益增大尚未可知。

第二，两种"区块链＋"供应链经营模式在线下和线上的业务场景中各自的优劣是什么，在不同的情境下采取哪种模式，或者将两种新模式结合在一起能使供应链的绩效最大化也尚未可知。

针对上述问题，本章研究内容如下：首先，依据目前对区块链商业实践的调研，将两种新的生态农产品供应链经营模型概念化并数理化，即 BTM 和 BEM 模型；其次，采用定量分析的方法，以"象山红美人"爱媛橘为案例，分析两种模型下的效益，为供应链管理提供新思路；最后，研究结果为线上和线下的企业如何在生态农产品供应链系统中融合区块链技术，提供了重要的参考。

第二节　相 关 研 究

在供应链新模式的研究上，孙梅等（2020）对比了不同有机农产品供应链模式的效益，并阐述"农户＋餐饮企业"新模式的优势。梁喜和肖金凤（2021）在区块链技术背景下，对比了双渠道供应链定价和渠道选择策略。蔡（Choi，2019）等对比了传统钻石零售网络、区块链钻石认证平台和区块链钻石销售平台的收益，得出了在供应链应用区块链技术的特定条件。刘（Liu，2012）研究了由制造商和零售平台构成的供应链模式，制造商可以将产品直接出售给消费者，也可以通过零售平台间接销售。然而，上述研究大多局限于供应链领域的理论和定性研究，并非来源于实践。此外，上述研究的模型过于抽象，无法在真实的业务场景中找到原型，因此无法获得真实的案例数据来验证其结论。因此，本章依据区块链技术在生态农产品供应链中的实际应用，将生态农产品供应链中基于区块链的线上和线下业务场景概念化为两个经典模型，并构建 Stackelberg 博弈模型，采用真实数据进行仿真。

斯坦克尔伯格（Stackelberg）博弈模型是由古诺模型变形而来的。在古诺模型中，竞争者地位平等、行为相似且同时进行决策。然而，现实中竞争者的地位并不对称，导致决策次序上的差异。斯坦克尔伯格博弈模型则反映了这种不对称的竞争关系。该模型中一般包含领导者与追随者，前者实力较强，对追随者的行为进行预判后，优先进行决策；后者实力较弱，需根据领导者的实际行为进行决策。模型中的参与者都会选择最优决策以实现利益最大化。

学者们运用 Stackelberg 博弈模型建立供应链中参与者的策略模型。朱立龙和姚昌（2013）建立了生产商分销渠道三种策略模型，并且分析了三种渠道策略对期望收益函数和消费者剩余的影响。李春发和冯立攀（2014）建立模型分析了两种不同模式下多渠道供应链的企业生产计划与定价决策。刘亮和李斧头（2022）构建模型分析区块链技术投入前后供应链均衡解的变化，并求解区块链技术成本投资阈值。本章构建 Stackelberg 博弈模型，建立收益函数和消费者剩余函数，分析并对比传统供应链与新兴的"区块链＋"生态农产品供应链的经营模式。

第三节　模型描述

本章将对比分析传统农产品供应链经营模式、"区块链＋"溯源认证经营模式（BTM）和"区块链＋"电商经营模式（BEM）等三种模式，计算其供应链收益和消费者剩余。生态农产品供应链（以下简称供应链）的效益提升，将直接带动农业增效、农民增收；消费者剩余越大，消费者购买生态农产品的动机越强烈，将增进生态有机农产品（以下简称农产品）需求，从而扩大产业规模。

本章模型中的生态农业企业（以下简称农企）是指规模较大的农产品生产企业或农业合作社，且该农产品供应链的零售商为生鲜配送新零售超市（以下简称农超），如盒马、OLE 等新零售超市。模型的前提假设如下：

（1）该模型仅研究一个农企和一个农超；

（2）该供应链只出售单一品类的有机农产品；

（3）供应链成员都是风险中性；

（4）该供应链中有机水果的产量恰好满足市场需求。

该模型中，农企生产农产品的成本为 m，且农企以批发价格 $c_i(i=1，2，3)$ 将农产品批发给农超或区块链电商平台。假设该农产品市场包含 n 个对农产品有购买意愿的消费者，且消费者购买有机农产品的价格为 $p_i(i=1，2，3)$。消费者对农产品的需求曲线为 $f(v)$，其中 v 服从均匀分布，且 $f(v) \in [0，1]$。

消费者决定是否购买农产品时将考虑以下 4 个主要因素：①农产品的价格；②搜寻信息的时间成本，即消费者在购买农产品之前，会搜寻农产品相关信息（卢强和李辉，2015）；③农产品的真伪，即产品是否达到生态农产品标准；④农超的服务质量或区块链电商平台的购物便利性。线下零售商所提供的优质服务能促使消费者重复购买其产品（李坚飞等，2018），因此，消费者在农超所享受到的服务质量为重要的考虑因素。此外，消费者对农产品电商平台有便利性的要求（刘刚，2019），因此消费者在区块链电商平台上购物的便利性也是关键因素。

本章采用下标"E""S""B"分别代表生态有机农企（Organic Agricultural Enterprise）、农超（Organic Agricultural Supermarket）、区块链平台（Blockchain Platform），其中区块链平台包括区块链溯源认证平台和区块链电商平台。

第四节 模型构建及分析

一、传统农产品供应链经营模式

在传统农产品供应链经营模式（TSC）中，由农超向农企采购农产品，再面向终端消费者，形成"农企—农超"的农产品供应链经营结构。由于 TSC 中虚假认证的行为屡见不鲜，缺乏真实有效的有机认证渠道，消费者有较大概率获得以次充好的生态农产品。因此，消费者在购买产品前需花费较长时间了解产品的相关信息，以避免买到非有机非生态农产品的风险。

此时，消费者决定是否购买农产品时考虑以下 4 个主要因素：（1）农超出售农产品给消费者的零售价为 p_1，敏感系数为 α；（2）消费者搜索产品信息的时间成本 t，敏感系数为 β；（3）农产品的真伪，以消费者获得真实的生态农产品的概率 q 来衡量，敏感系数为 γ；（4）农超的服务质量为 k。

该农产品的市场需求量可表示为：

$$Q_1 = n \int_{\alpha p_1 + \beta t - \gamma q - k}^{1} f(v)\, dv = n\left[1 - (\alpha p_1 + \beta t - \gamma q - k)\right] \quad (6.1)$$

此时，农超的收益为：

$$\pi_{S1} = (p_1 - c_1) Q_1 = (p_1 - c_1) n\left[1 - (\alpha p_1 + \beta t - \gamma q - k)\right]$$

$$(6.2)$$

农企的收益为：

$$\pi_{E1} = (c_1 - m)Q_1 = (c_1 - m)n[1 - (\alpha p_1 + \beta t - \gamma q - k)]$$

$$(6.3)$$

由于 $\dfrac{\partial^2 \pi_{S1}}{\partial p_1^2} = -2\alpha < 0$，因此 π_{S1} 对 p_1 求一阶偏导，可得最优

解 p_1^*：

$$p_1^* = \frac{1}{2\alpha}(1 + \alpha c_1 - \beta t + \gamma q + k) = \frac{A + \alpha c_1}{2\alpha} \qquad (6.4)$$

其中，$A = 1 - \beta t + \gamma q + k$，衡量的是消费者搜索农产品信息的时间成本、有机认证为真实的概率、农超的服务质量的影响。

将 p_1^* 代入 Q_1 得：

$$Q_1 = \frac{n}{4}(A - \alpha m) \qquad (6.5)$$

因此，农企的收益可写为：

$$\pi_{E1} = (c_1 - m)Q_1 = \frac{n}{2}(c_1 - m)(A - \alpha c_1) \qquad (6.6)$$

由于 $\dfrac{\partial^2 \pi_{E1}}{\partial c_1^2} = -2\alpha < 0$，因此 π_{E1} 对 c_1 求一阶偏导，再代入

（6.3）式中，可得最优解 p_1^*、c_1^*：

$$p_1^* = \frac{3A + \alpha m}{4\alpha} \qquad (6.7)$$

$$c_1^* = \frac{A + \alpha m}{2\alpha} \qquad (6.8)$$

此外，求出供应链收益和消费者剩余为：

$$\pi_1^* = \pi_{E1}^* + \pi_{S1}^* \qquad (6.9)$$

$$CS_1 = n \int_{\alpha p_1 + \beta t - q\gamma - k}^{1} \left[v - (\alpha p_1 + \beta t - \gamma q - k) \right] f(v) \, dv = \frac{n}{2} (A - \alpha p_1)$$

$$(6.10)$$

命题 6 - 1 在 Stackelberg 博弈模型均衡下，传统农产品供应链模式中的批发价和零售价存在最优解。由（6.7）式和（6.8）式可知，农产品的生产成本越高，其最优的批发价和零售价也越高。若 A 值增大，即消费者搜索产品信息的时间减少、产品认证为真实的概率增大、农超里的服务质量提高，则最优的批发价和零售价上涨。同时，若农产品的价格波动对消费者效用的影响（α）增强，则最优的批发价和零售价下跌。

命题 6 - 2 当市场规模增大，即对农产品有购买意愿的消费者数量（n）增加时，或（$A - \alpha m$）增加时，农企收益、农超收益、供应链收益和消费者剩余都增大。因此，为提高 TSC 的供应链绩效和消费者剩余，应设法增大消费者数量，增加用户黏性；引进新兴技术，使供应链的信息透明、可追溯，以减少消费者搜索产品信息的时间成本，并增加消费者获得真实有机认证标签的概率；提高农超的服务质量、降低有机农产品的生产成本。

证明：将 c_1^* 代入 π_{F1}，可求出最优决策下的农企收益为 $\pi_{E1}^* = \frac{n(A - \alpha m)^2}{8\alpha}$；将 c_1^*、p_1^* 代入 π_{S1}，农超收益为 $\pi_{S1}^* = \frac{n(A - \alpha m)^2}{16\alpha}$；供应链收益为 $\pi_1^* = \frac{3n(A - \alpha m)^2}{16\alpha}$。将 p_1^* 代入 CS_1，可求出最优决策下的消费者剩余为 $CS_1^* = \frac{n(A - \alpha m)}{8}$，证毕。

二、"区块链 +"溯源认证经营模式

"区块链 +"溯源认证经营模式（BTM）结合了区块链、物联网、边缘计算等新兴技术，应用区块链溯源认证平台对农产品供应链做全流程信息记录，可提供农产品的产地来源、生产过程、运输路线等溯源信息。消费者在农超购买生态有机农产品前，可通过"区块链"溯源认证平台查询农产品的溯源信息，该溯源信息不可篡改、公开透明、可靠性高，消解了农产品供应链信息不对称的困境，但"农企—农超"的供应链结构不变。该平台按照交易数量向农企和农超收取单位认证费用（F_E，F_S），且该平台的运营成本为 W。

消费者判断是否购买农产品时考虑以下 4 个主要因素：①农超出售农产品给消费者的零售价 p_2，敏感系数为 α；②消费者搜索产品信息的时间成本 T，敏感系数为 β，且 $T < t$；③由于有区块链提供认证，农产品的造假概率为 0；④农超的服务质量为 k。

该农产品的市场需求量可表示为：

$$Q_2 = n \int_{\alpha p_2 + \beta T - k}^{1} f(v)\,dv = n[1 - (\alpha p_2 + \beta T - k)] \quad (6.11)$$

此时，农超的收益为：

$$\pi_{S2} = (p_2 - c_2 - F_S)Q_2 = (p_2 - c_2 - F_S)n[1 - (\alpha p_2 + \beta T - k)] \quad (6.12)$$

农企的收益为：

$$\pi_{E2} = (c_2 - m - F_E)Q_2 = (c_2 - m - F_E)n[1 - (\alpha p_2 + \beta T - k)] \quad (6.13)$$

"区块链＋"溯源认证平台的收益为：

$$\pi_{B2} = (F_S + F_E)Q_2 - W \tag{6.14}$$

由于 $\dfrac{\partial^2 \pi_{S2}}{\partial p_2^2} = -2\alpha < 0$，因此 π_{S2} 对 p_2 求一阶偏导，可得最优

解 p_2^*：

$$p_2^* = \frac{1}{2\alpha}\big[1 - \beta T + k + \alpha(c_2 + F_S)\big] = \frac{B + \alpha(c_2 + F_S)}{2\alpha} \tag{6.15}$$

其中，$B = 1 - \beta T + k$，衡量的是消费者搜索生态有机农产品信息的时间成本、农超的服务质量的影响。

将 p_2^* 代入 Q_2 得：

$$Q_2 = \frac{n}{2}\big[B - \alpha(c_2 + F_S)\big] \tag{6.16}$$

因此，农企的收益可写为：

$$\pi_{E2} = (c_2 - m - F_E)Q_2 = \frac{n}{2}(c_2 - m - F_E)\big[B - \alpha(c_2 + F_S)\big] \tag{6.17}$$

由于 $\dfrac{\partial^2 \pi_{E2}}{\partial c_2^2} = -2\alpha < 0$，因此 π_{E2} 对 c_2 求一阶偏导，再代入

(6.13) 式中，可得最优解 p_2^*、c_2^*：

$$p_2^* = \frac{3B + \alpha(F_S + F_E + m)}{4\alpha} \tag{6.18}$$

$$c_2^* = \frac{B - \alpha(F_S - F_E - m)}{2\alpha} \tag{6.19}$$

此外，求出供应链收益和消费者剩余：

$$\pi_2^* = \pi_{E2}^* + \pi_{S2}^* + \pi_{B2}^* \tag{6.20}$$

$$CS_2^* = n \int_{\alpha p_2 + \beta T - k}^{1} \left[v - (\alpha p_2 + \beta T - k) \right] f(v) \, dv = \frac{n}{2} (B - \alpha p_2)$$

$$(6.21)$$

命题 6-3 应用"区块链+"溯源认证经营模式时，供应链的结构不变，仍保留了传统农产品供应链中的一些特性，因此农超的服务质量（k）仍为重要因素。当 k 值增加时，B 值也增大，进而供应链绩效和消费者剩余都增大。此外，"区块链+"溯源认证平台向农企和农超收取的单位认证费用（F_E，F_S）越低，供应链绩效和消费者剩余越大；平台的运营成本（W）越高，供应链绩效越小，但 W 并不影响消费者剩余。

证明： 将 c_2^* 代入 π_{E2}，可求出最优决策下的农企收益为

$$\pi_{E2}^* = \frac{n \left[B - \alpha(F_S + F_E + m) \right]^2}{8\alpha};$$ 将 c_2^*、p_2^* 代入 π_{S2}，农超收益为

$$\pi_{S2}^* = \frac{n \left[B - \alpha(F_S + F_E + m) \right]^2}{16\alpha},$$ "区块链+"溯源认证平台收益

为 $$\pi_{B2}^* = \frac{n(F_S + F_E) \left[B - \alpha(F_S + F_E + m) \right]}{4} - W;$$ 供应链收益为

$$\pi_2^* = \frac{3n \left[B - \alpha(F_S + F_E + m) \right]^2}{16\alpha} + \frac{n(F_S + F_E) \left[B - \alpha(F_S + F_E + m) \right]}{4} -$$

W。将 p_2^* 代入 CS_2，可求出最优决策下的消费者剩余为 $CS_2^* = \frac{n \left[B - \alpha(F_S + F_E + m) \right]}{8}$，证毕。

命题 6-4 当 $B - A > \alpha(F_S + F_E)$ 时，"区块链+"溯源认证经营模式的消费者剩余比传统农产品供应链更大，且区块链平台的运营成本是影响其供应链效益的重要因素。

证明： 求出"区块链+"溯源认证经营模式和传统农产品供

应链经营模式下的供应链收益和消费者剩余的差值，探讨区块链技术能否提高供应链绩效和消费者剩余。

$$\Delta_{\pi 1} = \pi_2^* - \pi_1^* = \frac{3n\left\{\left[B - \alpha(F_S + F_E + m)\right]^2 - (A - \alpha m)^2\right\}}{16\alpha} - W +$$

$$\frac{n\left\{(F_S + F_E)\left[B - \alpha(F_S + F_E + m)\right]\right\}}{4} \qquad (6.22)$$

$$\Delta_{CS1} = CS_2^* - CS_1^* = \frac{n\left\{\left[B - \alpha(F_S + F_E + m)\right] - (A - \alpha m)\right\}}{8} =$$

$$\frac{n\left[B - \alpha(F_S + F_E) - A\right]}{8} \qquad (6.23)$$

综上所述，当 $B - A > \alpha(F_S + F_E)$ 时，$\Delta_{\pi 1}$ 和 Δ_{CS1} 的值都大于 0，此时区块链技术可增大供应链绩效和消费者剩余，应用 BTM 比 TSC 更佳。其中，$B - A$ 衡量的是应用 BTM 相较于 TSC 给消费者带来的正面影响，$\alpha(F_S + F_E)$ 指的是农企和农超向"区块链＋"溯源认证平台支付单位认证费用为其带来的负面影响。证毕。

三、"区块链＋"电商经营模式

在"区块链＋"电商经营模式（BEM）中，区块链电商平台以批发价（c_3）从农企手中收购农产品，再以零售价（p_3）卖给消费者。供应链经营结构为"农企—区块链电商平台"，不涉及其他零售商。农企和消费者可在区块链电商平台搜索农产品的市场信息，减少了搜索信息的时间成本。此外，消费者在平台一键下单，享受线上购物的便利性。平台不向农企和消费者收取单位认证费用，但存在运营成本 W。

消费者判断是否购买农产品时考虑以下 4 个主要因素：①区块链电商平台出售农产品给消费者的零售价格 p_3，敏感系数为 α；②消费者搜索产品信息的时间成本 T，敏感系数为 β，且 $T < t$；③由于有区块链提供认证，生态农产品的造假概率为 0；④使用区块链电商平台给消费者带来的便利性 s，且 $s > k$。

该农产品的市场需求量可表示为：

$$Q_3 = n\int_{\alpha p_3 + \beta T - s}^{1} f(v)\,dv = n[1 - (\alpha p_3 + \beta T - s)] \quad (6.24)$$

区块链电商平台的收益为：

$$\pi_{B3} = (p_3 - c_3)Q_3 = (p_3 - c_3)n[1 - (\alpha p_3 + \beta T - s)] - W$$

$$(6.25)$$

农企的收益为：

$$\pi_{E3} = (c_3 - m)Q_3 = (c_3 - m)n[1 - (\alpha p_3 + \beta T - s)] \quad (6.26)$$

π_{B3} 对 p_3 求一阶偏导，可得最优解 p_3^*：

$$p_3^* = \frac{1}{2\alpha}(1 - \beta T + s + \alpha c_3) = \frac{1}{2\alpha}(C + \alpha c_3) \quad (6.27)$$

其中，$C = 1 - \beta T + s$，衡量的是消费者搜索生态有机农产品信息的时间成本、区块链电商模式便利性的影响。

将 p_3^* 代入 Q_3 得：

$$Q_3 = \frac{n}{4}(C - \alpha c_3) \quad (6.28)$$

农企的收益可写为：

$$\pi_{E3} = (c_3 - m)Q_3 = \frac{n}{2}(c_3 - m)(C - \alpha c_3) \quad (6.29)$$

由于 $\dfrac{\partial^2 \pi_{E3}}{\partial c_3^2} = -2\alpha < 0$，因此 π_{E3} 对 c_3 求一阶偏导，再代入

（6.26）式中，可得最优解 c_3^*、p_3^*：

$$p_3^* = \frac{3C + \alpha m}{4\alpha} \qquad (6.30)$$

$$c_3^* = \frac{C + \alpha m}{2\alpha} \qquad (6.31)$$

此外，求出供应链收益和消费者剩余：

$$\pi_3^* = \pi_{B3}^* + \pi_{E3}^* \qquad (6.32)$$

$$CS_3^* = n \int_{\alpha p_3 + \beta T - s}^{1} [v - (\alpha p_3 + \beta T - s)] f(v) dv = \frac{n}{2}(C - \alpha p_3)$$

$$\qquad (6.33)$$

命题 6-5 当区块链电商平台的购物便利性 (s) 增加时，C 值也增大，进而供应链绩效和消费者剩余都增大。此外，区块链电商平台的运营成本（W）越高，供应链绩效越低，但 W 并不影响消费者剩余。

证明： 将 c_3^* 代入 π_{E3}，可求出最优决策下的农企收益为 $\pi_{E3}^* = \frac{n(C - \alpha m)^2}{8\alpha}$；将 c_3^*、p_3^* 代入 π_{B3}，"区块链+"电商平台收益为 $\pi_{B3}^* = \frac{n(C - \alpha m)^2}{16\alpha} - W$；供应链收益为 $\pi_3^* = \frac{3n(C - \alpha m)^2}{16\alpha} - W$。将 p_3^* 代入 CS_3，可求出最优决策下的消费者剩余为 $CS_3^* = \frac{n(C - \alpha m)}{8}$，证毕。

命题 6-6 当 $C - A > 0$ 时，"区块链+"电商经营模式的供应链绩效和消费者剩余比传统农产品供应链经营模式更大，此时应用"区块链+"电商经营模式更佳。

证明： 求出"区块链+"电商经营模式和传统农产品供应链

的供应链收益和消费者剩余的差值，探讨区块链技术能否提高供应链绩效和消费者剩余。

$$\Delta_{\pi 2} = \pi_3^* - \pi_1^* = \frac{3n\left[(C-\alpha m)^2 - (A-\alpha m)^2\right]}{16\alpha} - W \quad (6.34)$$

$$\Delta_{CS2} = CS_3^* - CS_1^* = \frac{n\left[(C-\alpha m) - (A-\alpha m)\right]}{8} = \frac{n(C-A)}{8}$$

$$(6.35)$$

综上所述，当 $C-A>0$ 时，即应用 BEM 给消费者带来的正面影响大于 TSC 时，$\Delta_{\pi 1}$ 和 Δ_{CS1} 的值都大于 0，供应链收益和消费者剩余都大于 0，此时应用区块链认证溯源模式对供应链成员和消费者都有利，证毕。

命题 6-7 当 $C-B>\alpha(F_S+F_E)$ 时，"区块链+"电商经营模式的消费者剩余比传统农产品供应链模式更大，且区块链平台的运营成本是影响其供应链效益的重要因素。

证明： 当区块链技术引入到销售中时，讨论区块链认证溯源模式和传统农产品供应链的供应链收益和消费者剩余的差值，探讨区块链技术能否提高供应链绩效和消费者剩余。

$$\Delta_{\pi 3} = \pi_3^* - \pi_2^* = \frac{3n\left\{(C-\alpha m)^2 - \left[B-\alpha(F_S+F_E+m)\right]^2\right\}}{16\alpha} - W$$

$$(6.36)$$

$$\Delta_{CS3} = CS_3^* - CS_2^* = \frac{n\left\{(C-\alpha m) - \left[B-\alpha(F_S+F_E+m)\right]\right\}}{8}$$

$$= \frac{n\left[C-B+\alpha(F_S+F_E)\right]}{8} \quad (6.37)$$

由上式可得，当 $C-B>\alpha(F_S+F_E)$ 时，Δ_{CS1} 的值大于 0，即

消费者剩余的差值大于 0。此时，应用"区块链+"电商经营模式对供应链成员和消费者而言更佳。其中，$C-B$ 衡量的是应用 BEM 相较于 BTM 给消费者带来的正面影响 $(B-A)$，$\alpha(F_S+F_E)$ 衡量的是农企和农超向"区块链+"溯源认证平台支付单位认证费用为其带来的负面影响。证毕。

综上所述，传统农产品供应链经营模式（TSC）、"区块链+"溯源认证经营模式（BTM）和"区块链+"电商经营模式（BEM）的 Stackelberg 博弈模型均衡结果对比如表 6-1 所示。

第五节 数值仿真及案例分析

一、案例描述

本章采用"象山红美人"爱媛橘作为案例，以深入对比分析传统农产品供应链模式、"区块链+"溯源认证经营模式、"区块链+"电商经营模式的供应链效益和消费者剩余。"象山红美人"是全国名特优农产品，具有绝佳的口感和浓郁的风味，属于高端生态农产品，其经济效益是普通橘子的十倍以上。由于"象山红美人"的高附加值特性，市场上滋生了以次充好、假冒伪劣等机会主义行为。在市面上买到的"象山红美人"可能并非产自象山，"象山红美人"的品牌声誉深受其害。

表 6－1　TSC、BTM 和 BEM 三种模式 *Stackelberg* 均衡结果对比

模式	收益				消费者剩余
	农企	农超	区块链平台	供应链	
TSC	$\dfrac{n(A-\alpha m)^2}{8\alpha}$	$\dfrac{n(A-\alpha m)^2}{16\alpha}$	—	$\dfrac{3n(A-\alpha m)^2}{16\alpha}$	$\dfrac{n(A-\alpha m)}{8}$
BTM	$\dfrac{n[B-\alpha(F_S+F_E+m)]^2}{8\alpha}$	$\dfrac{n[B-\alpha(F_S+F_E+m)]^2}{16\alpha}$	$\dfrac{n(F_S+F_E)[B-\alpha(F_S+F_E+m)]}{4}-W$	$\dfrac{3n[B-\alpha(F_S+F_E+m)]^2}{16\alpha}$ $+\dfrac{n(F_S+F_E)[B-\alpha(F_S+F_E+m)]}{4}-W$	$\dfrac{n[B-\alpha(F_S+F_E+m)]}{8}$
BEM	$\dfrac{n(C-\alpha m)^2}{8\alpha}$	—	$\dfrac{n(C-\alpha m)^2}{16\alpha}-W$	$\dfrac{3n(C-\alpha m)^2}{16\alpha}-W$	$\dfrac{n(C-\alpha m)}{8}$

选择"象山红美人"作为案例研究的原因如下：第一，"象山红美人"是高端生态农产品，并且是全国知名生态有机水果，其经济效益高，研究价值大，其研究结论对其他高端生态农产品具有借鉴意义；第二，本章在斑斓农业公司进行了实地调研，获取了真实且详细的数据，对"象山红美人"的实际情况具有深入的了解；第三，该案例应用区块链技术打造了防伪追溯系统，适用于本章研究区块链技术融合供应链系统的经营模式。

根据实际情况对模型的参数进行取值：$\alpha = 0.015$，$\beta = 0.1$，$\gamma = 0.2$，$k = 0.03$，$s = 0.15$，$t = 5$，$T = 0.5$，$q = 0.4$，$m = 15$，$n = 300$，$F_S = 5$，$F_E = 5$，$W = 30$。代入公式得到传统农产品供应链经营模式、"区块链＋"溯源认证经营模式、"区块链＋"电商经营模式的最优值，如表 6-2 所示。

表 6-2　　　　　　　　　　　最优值对比

模式	p	c	Q	π_E	π_S	π_B	π	CS
TSC	34.250	20.500	28.875	158.812	397.031	—	555.844	14.438
BTM	55.250	40.167	45.375	1141.938	684.406	423.750	2250.094	22.688
BEM	58.750	44.167	65.625	1914.062	—	27.031	2841.094	32.812

二、批发价和零售价最优值的对比

由表 6-3 可得，TSC 在 Stackelberg 博弈模型中批发价 c_1^* 和零售价 p_1^* 的最优值随着农超服务质量（k）的提升而增大，命题 6-1 得证。显然，BTM 和 BEM 在 Stackelberg 博弈模型中批发价

表6-3　k 值和 s 值变化时 c^* 和 p^* 的变化情况

k	c_1^*	p_1^*	c_2^*	p_2^*	s	c_3^*	p_3^*
0.01	21.167	33.250	39.500	54.250	0.10	42.500	56.250
0.03	20.500	34.250	40.167	55.250	0.15	44.167	58.750
0.10	18.167	37.750	42.500	58.750	0.20	45.833	61.250
0.30	11.500	47.750	49.167	68.750	0.30	49.167	66.250

（c_2^*，c_3^*）和零售价（p_2^*，p_3^*）的最优值随着农超服务质量（k）、区块链电商平台的购物便利性（s）的提升而增大。此外，TSC 批发价和零售价小于 BTM 和 BEM，原因是 TSC 中消费者存在购买到非生态农产品的可能性，降低了购买意愿。为提高市场需求量（Q_1），农企和农超会尽量压低批发价和零售价。

BTM 对农产品进行认证和追溯，其运营成本（W）较高，会向农企和农超收取单位认证费用（F_E，F_S）。农企和农超出于自身利益的考虑，会尽可能地提高批发价和零售价。

BEM 存在较高的运营成本，因此其批发价和零售价相较于 TSC 和 BTM 更高。此外，BEM 提升了购物便利性（s），这是其一大优势。如表 6 - 3 所示，若 BTM 中农超的服务质量（k）与 BEM 的购物便利性不相上下，则 BTM 和 BEM 中的批发价和零售价相近。农超的服务质量是一个很重要的参考因素。若农超的服务质量高，消费者黏性高，即 BTM 和 TSC 中的服务质量给消费者带来的效用大于 BEM 的购物便利性时，采用"区块链＋"溯源认证经营模式或传统农产品供应链经营模式更佳。

三、农企收益最优值的对比

TSC 在 Stackelberg 博弈模型中的农企收益（π_E）最优值小于 BTM 和 BEM，主要原因是其市场需求量（Q_1）和批发价（c_1）的值较小。BTM 和 BEM 中的市场需求量和批发价大，因而农企能获得较大收益。

根据（6.16）式和（6.19）式，在 BTM 中，若农企支付的单位认证费用（F_E）过高，则农企为了维护自身利益抬高批发价，导致市场需求量减少，从而农企收益降低。由（6.19）式可得，若农超支付的单位认证费用（F_S）过高，则批发价会降低，原因主要是较低的批发价使农超的收益增大，而农企在供应链中处于劣势地位，导致农企收益降低。为维护农企收益，应尽量减少"区块链 +"溯源认证经营模式的使用成本，从而减少对农企和农超收取的单位认证费用。

BEM 中农企收益（π_E）的最优值大于 BTM，原因之一是农企无须支付单位认证费用，其生产成本降低。此外，BEM 降低了消费者的搜索信息成本，提高了购物便利性，使得市场需求量增大，进而农企收益增加。由此可见，仅从增加农企收益的角度出发，采用"区块链 +"电商经营模式是最佳选择。

四、农超收益最优值的对比

BEM 中不存在农超，因此只对比 TSC 和 BTM 的农超收益。由表 6 – 2 可知，TSC 在 Stackelberg 博弈模型中农企收益（π_E）的最优值小于 *BTM*，原因是 TSC 中市场需求量（Q）和零售价（p）的值较小。BTM 和 BEM 中农超能获得较大收益，原因是零售价较高，且市场需求量大。

BTM 的特点是在使用区块链技术为消费者提供认证溯源信息的基础上，还保留了传统有机农产品供应链中农超的线下服务（k）。若 BTM 提升线下服务质量，则农超的收益增大。此外，根据（6.16）式可得，农超支付的单位认证费用（F_S）过大，会导致市场需求量的值为负，进而农超的收益为负，出现亏损。

根据命题 6－2 和命题 6－3，$\pi_{S2}^* = \dfrac{n[B - \alpha(F_S + F_E + m)]^2}{16\alpha}$，

$\pi_{S1}^* = \dfrac{n(A - \alpha m)^2}{16\alpha}$，当 $[B - \alpha(F_S + F_E + m)]^2 > (A - \alpha m)^2$ 时，则 $\pi_{S2}^* > \pi_{S1}^*$。代入初始参数可得，$[B - \alpha(F_S + F_E + m)]^2 = 0.3660 > (A - \alpha m)^2 = 0.1482$，此时 BTM 中农超收益大于 TSC。综上所述，仅从增大农超收益的角度出发，应根据 k、F_E 和 F_S 等参数的实际情况，综合考量应采用传统农产品供应链经营模式或"区块链＋"溯源认证经营模式。

五、区块链平台收益最优值的对比

TSC 中并未引入区块链技术，因此只对比 BTM 和 BEM 的区块链平台收益。由表 6－2 可得，BTM 在 Stackelberg 博弈模型中区块链平台收益（π_B）的最优值小于 BEM，原因可能是 BTM 受到农超线下零售方式的限制，其生态农产品的市场需求量（Q_2）小于 BEM。根据（6.16）式可知，若农超的服务质量（k）提升，则市场需求量上涨，BTM 中的区块链平台收益也随之增加。

BTM 的收益受到农企和农超所支付的单位认证费用（F_E，F_S）的影响。由（6.16）式可知，单位认证费用增大时，会使

市场需求量减小，而 $\pi_{B2} = (F_S + F_E)Q_2 - W$，最终会影响区块链平台收益。因此，设置合理的单位认证费用非常重要。单位认证费用过高时，市场需求量减小，甚至为负值，则区块链平台的收益也为负；单位认证费用过低时，市场需求量虽然增大，但区块链的收益也可能减少。同时，BTM 和 BEM 的区块链平台收益均受到运营成本（W）的影响。显然，运营成本越高，区块链平台收益越少。

根据命题 6 - 3 和命题 6 - 5，$\pi_{B3}^* = \dfrac{n(C - \alpha m)^2}{16\alpha} - W$，$\pi_{B2}^* = \dfrac{n(F_S + F_E)[B - \alpha(F_S + F_E + m)]}{4} - W$，当 $\dfrac{(C - \alpha m)^2}{4\alpha} > (F_S + F_E)[B - \alpha(F_S + F_E + m)]$ 时，则 $\pi_{S2}^* > \pi_{S1}^*$。代入初始参数可得，$\dfrac{(C - \alpha m)^2}{4\alpha} = 12.7604 > (F_S + F_E)[B - \alpha(F_S + F_E + m)] = 6.05$，此时 BTM 中农超收益大于 TSC。由此可见，仅从增大区块链平台收益的角度出发，应根据 k、F_E、F_S、W 等参数的实际情况，综合考虑应采用"区块链 +"溯源认证经营模式或"区块链 +"电商经营模式。

六、供应链收益最优值的对比

根据初始参数计算得，$\Delta_{\pi 1} = \pi_2^* - \pi_1^* = 1694.2 > 0$，$\Delta_{\pi 2} = \pi_3^* - \pi_1^* = 2285.25 > 0$，$\Delta_{\pi 3} = \pi_3^* - \pi_2^* = 591 > 0$，即 $\pi_3^* > \pi_2^* > \pi_1^*$。该结果表明，此时 BTM 和 BEM 的供应链收益大于 TSC，即应用区块链技术可增加供应链收益，因此该情况下生态农产品供应链

应采用区块链技术。

改变 $(F_S + F_E)$ 的值，结果如表 6 - 4 所示。$(F_S + F_E)$ 值对 $\Delta_{\pi 1}$ 和 $\Delta_{\pi 3}$ 的影响并非线性变化。随着 $(F_S + F_E)$ 值的增大，BTM 与 TSC 的供应链收益差值的变化趋势是先增加后减少，而 BTM 和 BEM 的差值的变化趋势是先减少后增加。$\Delta_{\pi 1}$ 和 $\Delta_{\pi 3}$ 受到 $(F_S + F_E)$ 值的影响，命题 6 - 4 和命题 6 - 7 得证。由此可知 "区块链 +" 溯源认证经营模式的单位认证费用会影响供应链收益，需对其进行合理设置。

表 6 - 4 　　　$(F_S + F_E)$ 变化时 $\Delta_{\pi 1}$ 和 $\Delta_{\pi 3}$ 的变化情况

$(F_S + F_E)$	$\Delta_{\pi 1}$	$\Delta_{\pi 3}$
5	1658. 156	627. 094
10	1694. 25	591
20	1555	729. 75
30	1135. 5	1149. 75

七、消费者剩余最优值的对比

根据初始参数计算得，$\Delta_{CS1} = CS_2^* - CS_1^* = 8.25 > 0$，$\Delta_{CS2} = CS_3^* - CS_1^* = 18.375 > 0$，$\Delta_{CS3} = CS_3^* - CS_2^* = 10.125 > 0$，即 $CS_3^* > CS_2^* > CS_1^*$。该结果表明，该情况下应用 "区块链 +" 电商经营模式为最佳选择。由此可得，区块链技术可增大消费者剩余，即消费者愿意为区块链技术的引入而支付更高的价格，因此应

为农产品供应链采用区块链技术，应用"区块链+"电商经营模式。

改变 $(F_S + F_E)$ 的值，如表 6-5 所示。$F_S + F_E = 30$ 时，$B - A = 0.37 < \alpha(F_S + F_E) = 0.45$，此时 $\Delta_{CS1} < 0$，TSC 比 BTM 的消费者剩余更大。$F_S + F_E = 5$ 时，$B - A = 0.37 > \alpha(F_S + F_E) = 0.075$，此时 $\Delta_{CS1} > 0$，BTM 比 TSC 的消费者剩余更大。Δ_{CS1} 和 Δ_{CS3} 受到 $(F_S + F_E)$ 值的影响，命题 6-4 和命题 6-7 得证。因此，仅从消费者剩余的角度出发，应合理设置区块链平台对农企和农超收取的单位认证费用。单位认证费用过高时，应用"区块链+"电商经营模式是最佳选择，其次是传统农产品供应链经营模式，最后是"区块链+"溯源认证经营模式。

表 6-5 　　　$(F_S + F_E)$ 变化时 Δ_{CS1} 和 Δ_{CS3} 的变化情况

$(F_S + F_E)$	Δ_{CS1}	Δ_{CS3}
5	11.062	7.312
10	8.25	10.125
20	2.625	15.750
30	-3	21.375

通过以上定量分析表明，区块链技术融合生态农产品供应链能提升供应链效益，从而提升农产品附加值，促进农民增收；能提高消费者剩余，从而将生态有机农业的蛋糕做大。同时，通过探讨区块链技术在生态农产品供应链落地应用的条件，得

到如下管理启示：（1）在传统农产品供应链经营模式下，提高农超的服务质量是关键；（2）若区块链认证追溯平台的单位认证费用较低，则"区块链＋"溯源认证经营模式是一种较优的农产品供应链经营模式，因此要设置合理的单位认证费用；（3）相比于"区块链＋"溯源认证经营模式，"区块链＋"电商经营模式是一种更优的供应链模式，能够较为显著地提高供应链收益和消费者剩余，但同时要注意提升平台的购物便利性并减少平台运营成本。

八、案例分析

2019 年，"象山红美人"柑橘种植基地打造了"5G＋区块链＋物联网"的"红美人"防伪溯源系统。"码上放心"原产地溯源平台为每一盒"象山红美人"配备了身份 ID。消费者只要扫一扫"红美人"的二维码，通过一箱一码就获取对应的产品产地、产地环境、产品信息、渠道流通流转过程等。在线下生鲜店中，消费者可直接使用手机淘宝或支付宝，扫描果品包装上的二维码来查验真伪。在电商平台，淘宝为来自原产地的"象山红美人"均进行了"正品溯源"字样的认证，商品上显示了"小蓝心"溯源标识，支持原产地信息查询。

有了溯源的品牌保护以后，"象山红美人"价格长期稳定在60 元/千克，平均销售价格至少提升了 30%，实现了"亩均超十万元"的高效益。带动了全县 4000 余户橘农实现了增收致富。在区块链溯源的赋能下，象山县"象山红美人"种植面积从

2016 年的 5000 亩①（其中投产面积 1000 亩，产量 100 万千克，产值 4000 万元），扩大到 3.9 万亩（总产量 1.8 万吨，平均售价 50 元/千克，亩均收入达十万元，最高达到 20 万元/亩），成为当地广大农民的一大经济来源。

---

① 1 亩≈0.0666667 公顷。

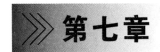

第七章

生态农产品供应链监管
机制的融合研究

"'民以食为天'，食品安全是重大的民生问题。"因此，生态农业发展不仅要立足于提升农产品质量安全，还应从政策体制上加以完善。

针对生态农产品质量缺乏事前、事中监管的问题，本章探索区块链技术嵌入生态农产品供应链的监管治理策略；提出利用区块链的特性惩治欺诈，促进生态农产品供应链主体的合作，实现有机生态农产品追溯和监管一体化；本章构建生态农产品供应链系统内生态有机农产品生产者与加工企业间的演化博弈模型，分析多元监管机制下各主体的决策和双方决策间的互动规律，以及最优策略抉择行为。本章以五常大米为研究案例，对相关结论和变化进行验证分析。研究结果显示，区块链嵌入能有效改善生态有机产品生产者与加工企业之间的信任关系，促进诚信交易，提高生态农产品供应链事前和事后治理水平，并促进区块链技术的落地应用。

第一节 引 言

生态农产品越来越受到市场的追捧和消费者的青睐。2020 年的中央一号文件强调指出，要加强有机农产品认证和管理，增加优质绿色农产品供给，满足人民群众对美好生活向往。全球通用的生态有机食品认证标准要求，在生产和加工过程中，完全禁止使用农药、化肥和生长激素。因此，追溯系统是从源头治理生态农产品供应链的有效途径之一，它强制实行生产过程的数据透明化，提高了欺诈交易的成本和难度（Kamble et al.，2020）。

然而受经济利益驱使，假冒伪劣、滥用农药等有机食品质量安全事故仍时有发生，导致严重的行业信任危机（Hu et al.，2021）。溯源是食品安全监管治理体系中的重要组成部分（常伟，2019），京东区块链、蚂蚁区块链等纷纷布局追溯系统。目前，有机产品追溯是事后监管的一种补救措施（张肇中和张莹，2018），用于追责和消费者验真，但缺乏事前、事中监管"防患于未然"的先天优势。一方面信息不对称，生产者存在更大的机会主义风险，导致生态农产品供应链信任危机；另一方面，生态农产品追溯系统流于形式，导致信息公信力不足（付豪等，2019）。学界对溯源模式及其监管机制做了大量研究。在溯源模式研究方面，生态有机供应链各参与方通过贯穿供应链中的可追溯系统，进行精确的信息沟通，可以提高质量管理水平（于亢亢，2020）。赵丙奇归纳了追溯体系建设的五种模式，并认为以

"物联网＋区块链"为核心的数字追溯体系能扩大生产和提高销售额（赵丙奇和章合杰，2021）。顾焕章先生认为，电商平台可以有效掌握农产品的生产者信息和物流信息，也具备数字农产品追溯体系的功能（顾焕章，2021）。理论上利用区块链技术可以保证食品安全、提升信任度以及促进供应链主体协作（阮俊虎等，2020；胡森森和黄珊，2021），然而上述研究以定性研究居多，尚缺乏区块链嵌入生态农产品供应链监管治理的定量模型和监管效果的观测。

现实中供应链主体是有限理性的，参与者会根据对方及周围情势逐步调整自身行为。演化博弈是有限理性的动态博弈方法，能动态反映演化策略（范冬雪等，2020）。相比传统博弈模型，演化博弈模型能够更加准确地预测参与方的策略选择行为（田应东等，2020；徐杰和李果林，2020）。演化博弈论适用于验证本章提出的监管机制的有效性，并分析生态农产品供应链中生产者和加工企业的交易策略。

第一，新的监管机制需要长期应用才能发挥作用，且生产者和加工企业的策略可能会随时间推移而发生变化。因此，分析长期博弈中参与者策略变化的演化博弈论可用于研究生产者和加工企业的行为策略。

第二，生产者和加工企业是有限理性的主体，难以在一次决策中做出最佳选择。在长期博弈和重复学习中，演化博弈论使有限理性的主体逐渐确定合适的行为策略。许多学者采用演化博弈论来研究食品安全中监管博弈问题。曹裕等学者构建非对称演化博弈模型，针对食品掺假问题，探讨食品企业和政府监管机构策略选择的影响因素（曹裕，2017）。杨松等学者面对农产品安全事件频发的问题，构建供应商和生产商的演化博弈模型，研究政府惩罚策略的制定（杨松等，2019）。孙淑慧等学者结合惩罚机制和声誉价值，构建了质量监管的演化博弈模型（孙淑慧和苏强，2020）。在治理效果的评价方面，钱建平基于加权求和模型的多因素综合评价法，构建了可追溯系统的追溯粒度评价模型（钱建平等，2015）。戴勇引入责任成本函数，提出责任成本的定价激励，提高了可追溯系统实施的效果（戴勇，2016）。

然而，上述文献所构建的演化博弈模型大多研究了传统追溯体系的事前监管，未探讨新兴的区块链嵌入供应链监管事前治理的问题。另外，上述文献的模型单纯强化惩罚力度或征收高额保证金或采用声誉评分，仅是抑制生态农产品市场中道德风险或"柠檬市场"的一个中间环节，并无多元监管策略配合，难以形成全效机制。

当前，以区块链为代表的新信息技术，其具备的集体维护、不可篡改的特性，为生态农产品监管治理提供了机遇（Wang et al.，2019；汪普庆等，2019）。基于此，本章提出并分析"区块链+"生态农产品供应链监管治理的三元策略，即由区块链的共识机制实现欺诈惩罚机制（杨丰梅等，2017），避免失信行为，减少交易风险（邓宏图和马太超，2019）；由区块链的激励机制实现声誉评分机制（Saak，2016），促进信任合作；由区块链的智能合约实现保证金机制，实现去第三方化。构建生产者群体和加工企业群体交易策略的演化博弈模型，对上述监管机制下的决策和策略选择进行分析，并以五常大米为研究案例进行数值仿真。研究结果显示，采取这一措施不仅可以实现追溯和监管一体化，而且还能改进生产者与加工企业之间的信任关系，促进诚信交易。此外，以上场景将促进区块链技术的落地应用，改善生态农产品供应链的事前、事中及事后治理，降低数字农产品溯源系统的运营成本。

第二节 基本假设与模型构建

有别于传统的追溯系统，区块链技术可以使供应链主体交易数据关联起来，形成不可篡改的数据链条，依靠共识机制和智能合约自动触发监管条款。区块链追溯系统（以下简称追溯系统）从被动溯源升级为具备追溯功能和全程监管功能的数字化供应链系统，有效约束生态农产品生产者主体行为，促进与加工企业的合作。传统可追溯系统和新型可追溯系统的功能对比如图 7-1 所示，新型可追溯系统的监管机制包括保证金机制、欺诈惩罚机制、声誉评分机制。

一、前提条件和模型描述

本章考虑涉及生态农产品供应链治理的两类主要参与者：生态农产品生产者群体和加工企业群体。在长期博弈中，生产者有两种策略可供选择，即"诚信交易"和"欺诈交易"。诚信交易策略是指生产者在合同约束下种植和供应生态农产品；欺诈交易

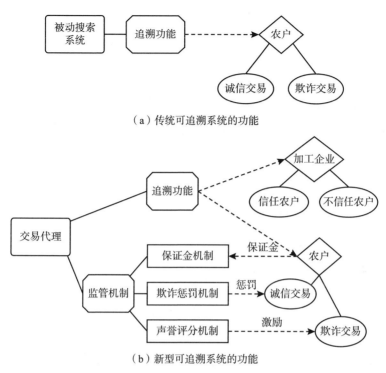

（a）传统可追溯系统的功能

（b）新型可追溯系统的功能

图 7-1　传统可追溯系统和新型可追溯系统的功能对比

策略是指生产者违反契约，在生态有机生产过程中违规使用化肥、农药等。

相应地，加工企业有"信任生产者"和"不信任生产者"两种策略。加工企业和生产者之间的信任建立在长期合作的基础上，加工企业可根据生产者的声誉评分综合考虑是否给予信任。若生产者在以往的合作中都获得了积极评价，合作将顺利进行，加工企业应用追溯系统监督生态有机农产品的生产过程。反之，合作将会失败。

基于上述前提条件，本章提出以下模型描述。

（1）当生产者诚信交易，双方合作顺利时，生产者的收入为

R_1，加工企业的毛利润为 R_2。区块链追溯系统向生产者和加工企业收取的佣金（s_1）、生产者在合作中为区块链技术投入的服务成本（c_3）、加工企业在合作前对生产者进行调查的成本（c_5）都是必要的支出。生产者欺诈交易的生产成本（c_2）小于诚信交易的生产成本（c_1），且为骗过区块链的自动数据采集，欺诈交易需要伪装成本（c_4）。而追溯系统能以概率（p）检测到生产者进行了欺诈交易。加工企业对生产者进行技术服务的成本（c_6），即为生产者提供区块链追溯系统的技术指导。

（2）区块链智能合约作为第三方监管者，在交易前向生产者收取保证金（F）作为抵押。追溯系统作为交易平台要确保对生产者的欺诈行为产生威慑。若被系统发现生产者进行了欺诈交易，则智能合约将触发没收保证金（F），并将其让渡给受损害的加工企业。反之，智能合约将触发退还保证金（F）。

（3）生产者进行欺诈交易时，给加工企业带来损失（s_2）。由于区块链的共识机制，生产者的行为将被全网传播，因此还会受到社会网络（张延龙，2019）对机会主义行为的社会惩罚效应（K）。

（4）声誉评分衡量的是加工企业对生产者的信任程度。本书使用 $Beta$ 声誉系统对生产者的声誉进行评分（Fang，2016）。声誉值（q）是服从概率分布的随机变量，评分范围是 $[-1, 1]$。声誉值越高，加工企业越倾向于信任该生产者。若追溯系统检测到生产者进行欺诈交易，则区块链的共识机制将对其声誉值（q）进行抑制；反之，生产者的声誉评分将提升以作为激励。当声誉评分增加时，区块链系统向生产者支付（qG）个代币作为激励。若声誉评分达到最大值1，则奖励（G）个代币，G 为常数。

二、模型的符号说明

基于以上描述，参数和变量符号及其含义如表 7 - 1 所示，生产者和加工企业的收益矩阵如表 7 - 2 所示。

表 7 - 1 参数及变量符号描述

参数	描述
R_1	生产者诚信交易时的收入，$R_1 > 0$
R_2	当生产者诚信交易时加工企业的毛利润，$R_2 > 0$
s_1	区块链追溯系统向生产者和加工企业收取的佣金，$s_1 > 0$
s_2	生产者欺诈交易时加工企业的损失，$s_2 > 0$
c_1	生产者诚信交易时的生产成本，$c_1 > 0$
c_2	生产者欺诈交易时的生产成本，$c_1 > c_2 > 0$
c_3	生产者在合作中为区块链技术投入的服务成本，$c_3 > 0$
c_4	生产者欺诈交易时的伪装成本，$c_4 > 0$
c_5	加工企业在合作前对生产者进行调查的成本，$c_5 > 0$
c_6	加工企业对生产者进行技术服务的成本，$c_6 > 0$
G	当声誉评分达到最大值时，生产者获得的奖励，$G > 0$
q	声誉评分提高后，生产者获得的奖励与 G 的比值，$q \in [0, 1]$
p	区块链追溯系统检测到生产者进行欺诈交易的概率，$p \in [0, 1]$
F	生产者向区块链追溯系统缴纳的保证金，$F > 0$
K	区块链网络对机会主义行为的社会惩罚效应，$K > 0$
t	演化的时间，$t \geq 0$

变量	描述
x	选择"诚信交易"策略的生产者群体的比例，$x \in [0, 1]$
y	选择"信任生产者"策略的加工企业群体的比例，$y \in [0, 1]$

表7－2　　　　　　　生产者与加工企业的收益矩阵

策略		加工企业	
		信任生产者	不信任生产者
生产者	诚信交易	$R_1 - s_1 - c_1 - c_3 + qG,$ $R_2 - s_1 - c_5 - c_6$	$-s_1 - c_3, \quad -s_1 - c_5$
	欺诈交易	$R_1 - s_1 - c_2 - c_3 - c_4 - p(F+K) + (1-p)qG, \ pF - s_1 - s_2 - c_5 - c_6$	$-s_1 - c_3, \quad -s_1 - c_5$

第三节　监管机制的演化博弈分析

演化博弈论是由传统博弈论和生物进化论发展而来的。它假设参与博弈的主体是有限理性的，并假设主体处于信息不对称的环境下。因此，主体无法仅通过一次选择来决定最佳策略，需要在长期博弈中不断学习、模仿他人，从而作出最佳选择。生态农产品供应链中存在信息不对称的问题，且供应链成员是有限理性的主体，需要通过长期博弈来制定交易策略。因此，应用演化博弈论对本章提出的多元化监管机制进行研究，并分析长期博弈中供应链成员的学习机制和交易策略演化过程。

一、复制动态方程系统

当式（7.1）成立时，生产者欺诈交易获得的暴利（$c_1 - c_2 - c_4$）减去期望惩罚（$pF + pK$）小于声誉评分增加的期望奖励（pqG）。该模型有两个纳什均衡解：诚信交易，信任生产者；欺诈交易，不信任生产者，以及一个子博弈的完美纳什均衡解：诚信交易；信任生产者。

$$c_1 - c_2 - c_4 - p(F + K) < pqG \qquad (7.1)$$

在主体完全理性的假设下，上述结果是有效的。然而在实际中，主体是有限理性的，生产者和加工企业在长期博弈中逐渐找到合适的策略。

首先分析生产者群体的交易策略。u_{1y} 和 u_{1n} 分别代表生产者"诚信交易"和"欺诈交易"的期望得益。由表 7 - 2 可知，生产者采用这两种策略的期望得益分别如下：

$$u_{1y} = y(R_1 - s_1 - c_1 - c_3 + qG) + (1 - y)(-s_1 - c_3) \qquad (7.2)$$

$$u_{1n} = y[R_1 - s_1 - c_2 - c_3 - c_4 - p(F + K) + (1 - p)qG] + (1 - y)(-s_1 - c_3) \qquad (7.3)$$

$\bar{u}_1$ 为生产者的平均得益，如下所示：

$$\bar{u}_1 = x \times u_{1y} + (1 - x)u_{1n} \qquad (7.4)$$

其次分析加工企业群体的交易策略。设 u_{2y} 和 u_{2n} 分别代表加工企业"信任生产者"和"不信任生产者"的期望得益。由表 7 - 2 可知，加工企业采用这两种策略的期望得益分别如下：

$$u_{2y} = x(R_2 - s_1 - c_5 - c_6) + (1 - x)(-s_1 - s_2 - c_5 - c_6 + pF)$$

$$(7.5)$$

$$u_{2n} = x(-s_1 - c_5) + (1 - x)(-s_1 - c_5) = -s_1 - c_5 \quad (7.6)$$

$\bar{u}_2$ 为加工企业的平均得益，如下所示：

$$\bar{u}_2 = y \times u_{2y} + (1 - y) \times u_{2n} \quad (7.7)$$

根据演化博弈论的假设，主体间相互模仿，相互学习，适者生存。生产者与加工企业的复制动态方程系统如下：

$$dx/dt = F(x) = x(u_{1y} - \bar{u}_1)$$
$$= x(x - 1)y[c_1 - c_2 - c_4 - p(F + K) - pqG] \quad (7.8)$$

$$dy/dt = G(y) = y(u_{2y} - \bar{u}_2)$$
$$= y(1 - y)[x(R_2 + s_2 - pF) + (-s_2 - c_6 + pF)] \quad (7.9)$$

二、生产者群体的策略稳定性分析

命题 7-1 当 $y = 0$ 时，生产者群体采取的任何策略都是稳定的；当 $y \neq 0$ 时，且 $c_1 - c_2 - c_4 - p(F + K) < pqG$ 时，生产者群体选择诚信交易策略，反之，选择欺诈交易策略（如图 7-2 所示）。

证明： 当 $y = 0$ 时，$F(x) = 0$。即生产者群体的策略比例不会随时间而改变。

当 $y \neq 0$ 时，有稳定解 $x^* = 0$ 和 $x^* = 1$。根据式（7.8）可知，$F'(x) = (2x - 1)y[c_1 - c_2 - c_4 - p(F + K) - pqG]$。若 $y \in (0, 1]$，且式（7.10）成立，此时 $F'(1) < 0$ 且 $F'(0) > 0$。因此，$x^* = 1$ 为演化稳定策略解（ESS），生产者群体选择诚信交易策略。

$$c_1 - c_2 - c_4 - p(F + K) < pqG \quad (7.10)$$

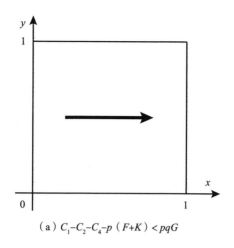

（a）$C_1-C_2-C_4-p(F+K)<pqG$

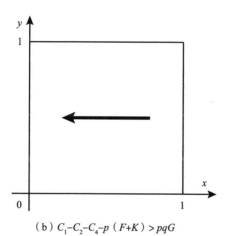

（b）$C_1-C_2-C_4-p(F+K)>pqG$

图 7-2　生产者策略的动态演化

若 $y\in(0, 1]$，且式（7.11）成立，此时 $F'(1)>0$ 且 $F'(0)<0$。因此，$x^*=0$ 是唯一的 ESS，生产者群体选择欺诈交易策略。

$$c_1 - c_2 - c_4 - p(F + K) > pqG \qquad (7.11)$$

综上所述，生产者策略的动态演化示意图如图 7-2 所示。

三、加工企业群体的策略稳定性分析

命题 7 - 2 当 $x = x_0 = (s_2 + c_6 - pF)/(R_2 + s_2 - pF)$ 时，加工企业采取的任何策略都是稳定的。

证明： 根据式（7.9），当 $x = x_0 = (s_2 + c_6 - pF)/(R_2 + s_2 - pF)$ 时，有 $G(y) = 0$。即加工企业的策略比例不会随时间而改变。

命题 7 - 3 当 $x \neq x_0$ 时，分为三种情况。当 $x_0 < 0$，加工企业群体选择信任生产者策略；当 $x_0 > 1$，加工企业群体选择不信任生产者策略；当 $0 \leq x_0 \leq 1$，加工企业的策略取决于生产者的行为。

证明： 若 $x \neq x_0$，有稳定解 $y^* = 0$ 和 $y^* = 1$。由于 $x \in [0, 1]$，下面分析 x_0 的三种取值情况。

第一，当 $x_0 < 0$，即 $c_6 < pF - s_2 < R_2$，或 $R_2 < pF - s_2 < c_6$ 时，$x > x_0$。此时，$G'(1) < 0$ 且 $G'(0) > 0$，因此 $y^* = 1$ 为 ESS，加工企业群体选择信任生产者策略。

第二，当 $x_0 > 1$，即 $c_6 > R_2$ 且 $R_2 + s_2 - pF > 0$，或 $c_6 < R_2$ 且 $R_2 + s_2 - pF < 0$ 时，$x < x_0$。此时，$G'(1) > 0$ 且 $G'(0) < 0$，因此 $y^* = 0$ 为 ESS，加工企业群体选择不信任生产者策略。

第三，当 $0 \leq x_0 \leq 1$，即 $c_6 \leq R_2$ 且 $s_2 + c_6 - pF \geq 0$，或 $R_2 + s_2 - pF \leq 0$ 时，需分两种情况讨论。若 $x < x_0$，则 $y^* = 0$ 为 ESS，加工企业群体选择信任生产者。若 $x > x_0$，则 $y^* = 1$ 为 ESS，加工企业群体选择不信任生产者。加工企业的策略取决于生产者的行为。

综上所述，加工企业策略的动态演化示意图如图 7 - 3 所示。

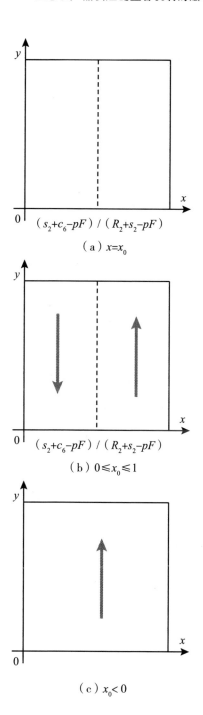

（a）$x = x_0$

（b）$0 \leqslant x_0 \leqslant 1$

（c）$x_0 < 0$

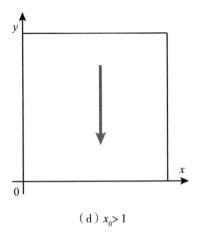

（d）$x_0 > 1$

图 7 - 3   加工企业策略的动态演化

四、生产者与加工企业的策略稳定性分析

若将生产者与加工企业视为一个动态系统，则由以上分析可知，该动态系统具有四个均衡点：$A(0, 0)$，$B(0, 1)$，$C(1, 0)$，$D(1, 1)$。动态系统的演化轨迹如图 7 - 4 所示。平衡点 $(x^* = 1, y^* = 1)$ 处于稳定的收敛状态，即有限理性的生产者和加工企业群体经过长期博弈和学习过程，将达到"诚信交易，信任生产者"的平衡状态。

在生产者群体的交易策略方面，当 $c_1 - c_2 - c_4 - p(F + K) < pqG$ 时，生产者进行欺诈交易获得的暴利（$c_1 - c_2 - c_4$）减去期望惩罚（$pF + pK$）小于声誉评分增加的期望奖励（pqG）。因此，生产者群体会选择诚信交易作为长期策略，如图 7 - 4 中的红色实线所示。

相反，当 $c_1 - c_2 - c_4 - p(F + K) > pqG$ 时，生产者群体会选择

欺诈交易作为长期策略，如图7-4中的黑色线所示。因此，可从以下三个方面促进生产者诚信交易：第一，供应链管理者可加强对欺诈行为的惩罚力度，即增加生产者的保证金（F）；第二，完善声誉评分机制，增加激励（G），鼓励生产者进行诚信交易；第三，提升追溯系统的性能，加大生产者进行欺诈交易的难度，即增大追溯系统检测出生产者进行欺诈交易的概率（p），并且提高欺诈交易的伪装成本（c_4）。

对于加工企业群体的交易策略，如图7-4中的灰色线所示。当$(s_2 + c_6 - pF)/(R_2 + s_2 - pF) < 0$ 或 $(s_2 + c_6 - pF)/(R_2 + s_2 - pF) < x \leqslant 1$ 时，加工企业群体选择信任生产者作为长期策略。结果表明，保证金（F）是决定加工企业群体策略的关键因素。在其他条件不变的情况下，F 值越大，$(s_2 + c_6 - pF)/(R_2 + s_2 - pF)$ 值越小。因此，生产者缴纳的保证金越多，加工企业越倾向于信任生产者。

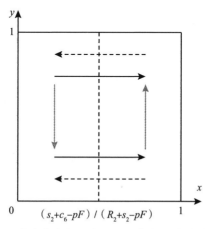

图7-4 生产者和加工企业两群体复制动态的稳定性

第四节 算例及分析

本章以黑龙江五常大米为例，验证和分析监管机制的科学性和有效性。五常市是黑龙江省典型的农业城市，拥有优质的自然资源，大米产业发达。因此，五常大米品质优良，深受人们喜爱。五常大米中的有机礼品米定价高、利润大，满足了消费者的高端需求。

选择五常大米作为案例研究的原因如下：第一，案例具有普遍性。五常大米在国内的知名度和销量都很高，因此其数据具有代表性，其研究结论对类似农产品具有借鉴意义。第二，该案例的数据是可获取的。学者们对五常大米产业链进行了实地调研，通过对生产者、加工企业、经销商进行访谈和问卷调查，整理出的数据是可靠且详细的。第三，该案例与本章的研究内容一致。五常大米采用最新的追溯技术，实现了全程溯源。消费者可通过终端查询种植、加工、储存等信息。因此，该案例非常适用于本章研究供应链系统的监管机制。

通过实地调研与参考相关学者研究成果（曾维炯，2015；邢明，2014；杨丽芬等，2013），获取以下数据：若生产者选择诚信交易策略，则生产成本（c_1）为4.4，而大米加工企业的利润（R_2）为2.32。此外，生产者欺诈交易的生产成本（c_2）为2.2。其他参数和变量说明如下：$c_4 = 1.5$，$c_6 = 0.5$，$s_2 = 2$，$F = 2$，$K = 0.05$，$G = 0.01$，$p = 0.7$，$q = 0.6$，$y(0) = 0.2$。

一、初始状态的影响

根据初始参数计算可得，$x_0 = (s_2 + c_6 - pF)/(R_2 + s_2 - pF) = 0.38$。从本章 7.3 节中可知，当 $x > x_0$ 时，加工企业选择信任生产者；当 $x < x_0$ 时，加工企业选择不信任生产者。如图 7-5 （a）所示，生产者群体最初选择诚信交易策略的比例为 $x(0) = 0.5 > x_0$，演化结果为 $(x^* = 1，y^* = 1)$，即（诚信交易，信任生产者）。如图 7-5 （b）所示，$x(0) = 0.2 < x_0$，生产者群体的演化将停止，加工企业群体的演化结果为 $y^* = 0$，即加工企业群体选择不信任生产者的策略。因此，本章 7.3 节的结论得证。

初始状态会影响最终演化结果，当生产者群体主动选择诚信交易策略的初始比例越大，生产者和加工企业成功合作的概率越大，此时交易环境可信任。

当 $x(0) = 0.5 > x_0$ 时，生产者群体选择诚信交易的初始比例较大。此时，达到 $(x^* = 1，y^* = 1)$ 的稳定状态，加工企业群体最终选择信任生产者策略，且生产者群体最终选择诚信交易策略，为可信的交易环境。

反之，当 $x(0) = 0.2 < x_0$ 时，生产者群体选择欺诈交易的初始比例较大。此时，无法达到 $(x^* = 1，y^* = 1)$ 的稳定状态，加工企业群体最终选择不信任生产者策略，且生产者群体的策略演化将停止，为不可信的交易环境。本章将使用两种不同的初始状态进行数值仿真，分析在不同交易环境中多元化监

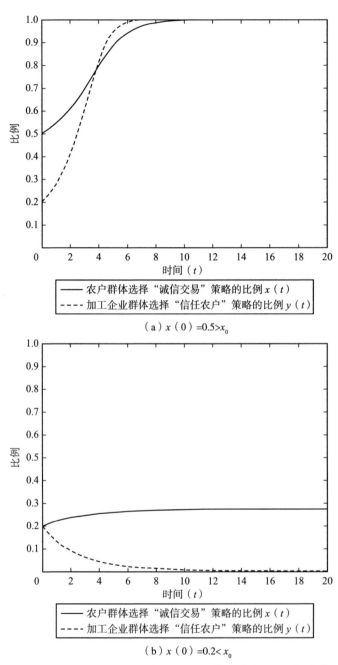

（a）$x(0)=0.5>x_0$

（b）$x(0)=0.2<x_0$

图 7 - 5　不同的初始状态 $x(0)$ 对最终演化结果的影响

管机制的效果。此外，为引导生态农产品市场中生产者和加工企业间的合作，本章针对不同的交易环境提供管理建议，便于供应链管理者制定指导性措施以提高生产者群体选择诚信交易的积极性。

二、欺诈惩罚的影响

如图 7-6 所示，无论初始状态如何，欺诈惩罚的金额（F）越大，生产者群体越倾向于选择诚信交易策略。

图 7-6（a）中，$x(0) = 0.2$，生产者群体选择欺诈交易的初始比例较大，为不可信的交易环境。当 $F = 2$ 时，生产者的演化停止，加工企业演化至 $y^* = 0$ 的稳定状态，即加工企业群体在长期博弈后选择不信任生产者策略。此时欺诈惩罚的力度较小，不足以对生产者起到约束作用。生产者为获取生态农产品造假的暴利，宁愿承担交罚金的风险，因此加工企业会失去对生产者的信任。

当 $F = 3$ 时，演化结果为（$x^* = 1$，$y^* = 1$），即生产者群体最终选择诚信交易策略，且加工企业选择信任生产者策略。表明此时欺诈惩罚的力度较大，有效地约束了生产者群体的交易行为。生产者不愿承担缴纳高昂罚金的风险，进而赢得加工企业的信任。

当 $F = 4$ 时，惩罚力度进一步加大，此时曲线的演化速度较 $F = 3$ 时更快，表明 F 的值越大，欺诈惩罚机制对生产者群体的监管效果越好。

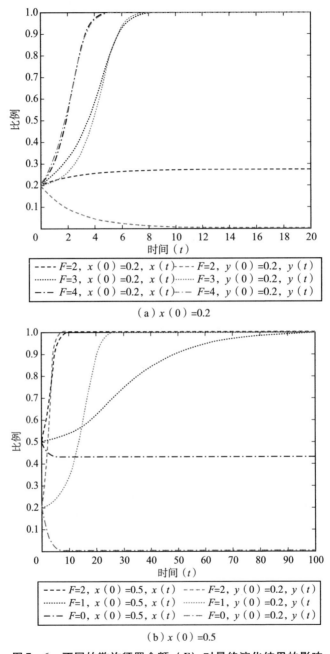

（a）$x(0)=0.2$

（b）$x(0)=0.5$

图7－6　不同的欺诈惩罚金额（F）对最终演化结果的影响

图 7 - 6（b）中，生产者群体选择诚信交易的初始比例较大，为可信的交易环境。当 $F = 2$ 时，图 7 - 6（b）的演化结果为（$x^* = 1$，$y^* = 1$），而图 7 - 6（a）中生产者的演化停止，加工企业的演化结果为 $y^* = 0$。原因是在图 7 - 6（b）的可信交易环境中，参与者大多诚信经营且合作意愿较高，仅需较小的惩罚金额就能有效约束生产者的交易行为。当 $F = 1$ 时，最终达到（$x^* = 1$，$y^* = 1$）的稳定状态，但曲线的演化速度较 $F = 2$ 时更慢，表明监管效果随着 F 值的减小而下降。当 $F = 0$ 时，生产者的演化停止，加工企业最终选择不信任生产者策略。表明在未设置惩罚金额的情况下，加工企业不相信生产者能自觉约束交易行为。即使诚信生产者的初始比例较大，生产者群体最终仍会演化至欺诈交易。由此可见，欺诈惩罚机制是防止生产者进行欺诈交易并增强加工企业信心的重要手段，即使在可信的交易环境中，也要设置合理的惩罚金额以约束生产者的交易行为。以上分析证明了本章7.3节的结论之一：为促进生产者诚信交易，供应链管理者可加大对欺诈行为的惩罚力度，即增加生产者的保证金（F）。

综上所述，得到的管理启示如下：一方面，在不可信的交易环境中，设置较大的惩罚金额是必要的。然而，惩罚金额不宜过大。F 的值设置得过大时，虽然能够有效约束生产者的交易行为，但由于惩罚金额是给加工企业的补偿，可能会导致加工企业骗取保证金的机会主义行为。

另一方面，在可信的交易环境中，较小的惩罚可起到事半功倍的效果，但不可将惩罚金额设置为零，也不可将其设置过小，否则生产者最终仍会选择欺诈交易策略。因此，供应链管理者需要评估交易环境，科学地应用欺诈惩罚机制，在不可信交易环境中加强惩罚力度，在可信交易环境中设置合理的惩罚金额。

三、声誉评分激励的影响

当生产者的声誉评分增加时，可获得区块链系统的代币作为奖励。当评分达到最大值时，获得的奖励为 G 个区块链系统代币。如图 7 - 7 所示，无论初始状态如何，G 值越大，生产者群体越倾向于选择诚信交易策略，即生产者会为了高昂的奖励而放弃产品造假的机会主义行为。在图 7 - 7（a）中，生产者群体选择欺诈交易的初始比例较大，为不可信的交易环境。当 G = 0.01、G = 0.5 时，生产者的演化停止，加工企业演化至 y^* = 0 的状态。表明此时激励较小，不足以调动生产者诚信经营的积极性。G = 1 时演化至（x^* = 1，y^* = 1）的稳定状态，说明在不可信的交易环境中，生产者需要较大的激励才会选择诚信交易策略。此外，$t \in [10, 20]$ 时，G = 1 的 $y(t)$ 曲线趋近于 y = 0。结合实际分析得出以下原因：

在不可信交易环境中，生产者为了获得较高的激励，可能会更努力地隐瞒欺诈行为，因此加工企业在合作前期对生产者持不信任态度。但在长期交易过程中，发现生产者选择诚信交易策略的比例不断上升，因此加工企业选择信任生产者的比例也不断上升。

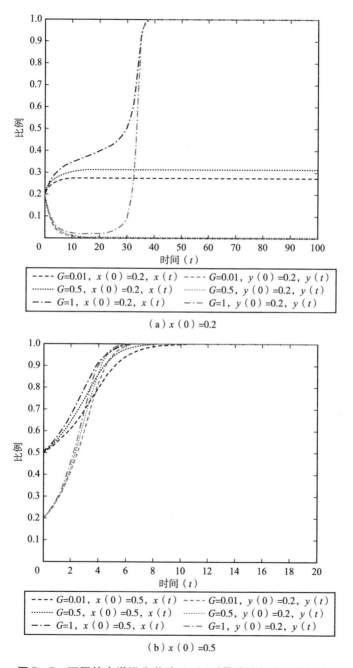

（a）x（0）=0.2

（b）x（0）=0.5

图 7 - 7 不同的声誉评分激励（G）对最终演化结果的影响

在图7-7（b）中，生产者群体选择诚信交易的初始比例较大，为可信的交易环境。当$G=0.01$、$G=0.5$时，图7-7（b）演化至（$x^*=1$，$y^*=1$）的稳定状态，而图7-7（a）中生产者的演化停止，加工企业的演化结果为$y^*=0$。表明在图7-7（b）的可信交易环境中，只需较小的激励就可促使生产者群体选择诚信交易策略。此外，当$G=1$时，曲线的演化速度最大，但与$G=0.01$和$G=0.5$的曲线相比，演化速率的差异较小。表明在可信交易环境下，增大激励并不能使演化速率显著增大。原因是生产者受可信环境影响，大多倾向于选择诚信合作，无须过多的外部激励。因此，为了促进双方合作而盲目地增大对生产者的激励是不经济的行为。

以上分析证实了本章7.3节的结论之一：完善声誉评分机制，增加激励（G），可促使生产者诚信交易。得到的管理启示如下：一方面，在不可信交易环境中，需要给予生产者较大的声誉评分激励，否则生产者容易为了获得暴利而选择欺诈交易。然而，过多的激励是不经济的，因此供应链管理者不应盲目增大激励，还需结合欺诈惩罚机制。另一方面，在可信交易环境中，供应链管理者无须设置较大的激励，原因是此时较小的激励就可鼓励生产者诚实守信。因此，供应链管理者可根据实际情况制定科学合理的奖惩结合措施，以发挥多元化监管机制的最大效用。

四、追溯系统性能的影响

追溯系统的性能与以下两个参数有关：追溯系统检测出生产

者欺诈交易的概率（p）、生产者欺诈交易的伪装成本（c_4）。追溯系统的性能越好，p 值越大，表明生产者欺诈的难度越大，此时 c_4 值也会相应增大。如图 7－8 所示，无论初始状态如何，p 值和 c_4 值越大，生产者群体选择诚信交易策略的可能性越大。在图 7－8（a）中，生产者群体选择欺诈交易的初始比例较大，为不可信的交易环境。当 $p = 0.7$ 且 $c_4 = 1.5$ 时，生产者的演化停止，加工企业演化至 $y^* = 0$ 的状态。原因是此时追溯系统的性能不佳，无法对生产者起到良好的监管效果，进而导致加工企业失去对生产者的信任。当 $p = 0.8$、$c_4 = 2$ 时，$p = 0.9$、$c_4 = 2.5$ 时，都演化至（$x^* = 1$，$y^* = 1$）的稳定状态。表明此时追溯系统的性能较好，能够对生产者进行有效监管，使加工企业最终选择信任生产者策略。

在图 7－8（b）中，生产者群体选择诚信交易的初始比例较大，为可信的交易环境。当 $p = 0.7$ 且 $c_4 = 1.5$ 时，图 7－8（b）的演化结果为（$x^* = 1$，$y^* = 1$），且演化速度较快，而图 7－8（a）中生产者的演化停止，且加工企业的演化结果为 $y^* = 0$。说明图 7－8（b）的可信交易环境中对追溯系统性能的要求相对较低，此时生产者无须过多的系统监督也会倾向于选择诚信交易。此外，当 $p = 0.6$ 且 $c_4 = 1$ 时，虽然演化至（$x^* = 1$，$y^* = 1$）的稳定状态，但演化速度较慢；当 $p = 0.5$ 且 $c_4 = 0.5$ 时，生产者的演化停止，加工企业演化至 $y^* = 0$ 的状态。这表明即使处于可信交易环境中，生产者仍需要受到追溯系统的监督，否则加工企业将失去对生产者的信任。因此，p 和 c_4 的值不宜过小，否则将不利于生产者和加工企业间的合作。

以上分析证明了本章第三节的结论之一：为促进生产者诚信交易，供应链管理者可提升追溯系统的性能，加大生产者进行欺诈交易的难度，即增大追溯系统检测出生产者进行欺诈交易的概率（p），并提高欺诈交易的伪装成本（c_4）。得到的管理启示如下：

一方面，在不可信交易环境中，生产者需要受到较为严格的监管，因此提升追溯系统的性能是当务之急。然而，为提升系统性能而进行过度投资是不经济的，因此供应链管理者需结合实际，适当增大 p 和 c_4 的值。另一方面，在可信交易环境中，即使追溯系统的性能较低，也能达到良好的约束效果。即便如此，供应链管理者仍需定期维护和检修可追溯系统，以防止系统的性能降低而影响生产者和加工企业间的合作。

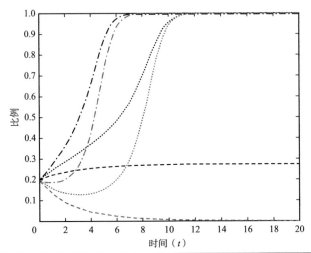

p=0.7, c_4=1.5, x(0)=0.2, x(t)	p=0.7, c_4=1.5, y(0)=0.2, y(t)
p=0.8, c_4=2, x(0)=0.2, x(t)	p=0.8, c_4=2, y(0)=0.2, y(t)
p=0.9, c_4=2.5, x(0)=0.2, x(t)	p=0.9, c_4=2.5, y(0)=0.2, y(t)

（a）x(0)=0.2

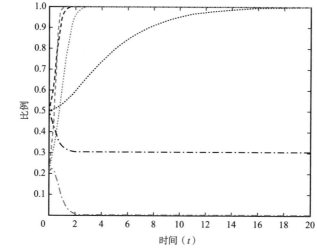

$p=0.7$，$c_4=1.5$，$x(0)=0.5$，$x(t)$ --- $p=0.7$，$c_4=1.5$，$y(0)=0.2$，$y(t)$
$p=0.6$，$c_4=1$，$x(0)=0.5$，$x(t)$ ⋯⋯ $p=0.6$，$c_4=1$，$y(0)=0.2$，$y(t)$
$p=0.5$，$c_4=0.5$，$x(0)=0.5$，$x(t)$ —·— $p=0.5$，$c_4=0.5$，$y(0)=0.2$，$y(t)$

（b）$x(0)=0.5$

图 7-8　追溯系统的不同性能（p 和 c_4）对最终演化结果的影响

第八章

结论与展望

第一节 主要结论

生态农产品消费无论是基于食品安全的考虑，还是消费升级的考虑，最终目标是满足人民对美好生活的向往，实现高品质的生活；也是"转方式、调结构"农业供给侧结构性改革，实现农业增效、农民增收和农村经济大发展的需要。从总体上看，由于生态农产品供应链涉及的周期长、环节多、经营模式层出不穷，因此区块链融合的场景也较为复杂和多样。区块链融合生态有机农产品供应链的过程，就是充分发挥数据要素的作用，围绕从"田野到餐桌"的供应链各个环节的数字化赋能过程。

本书围绕"数据、信任、平台、应用、治理"核心理念，以数字赋能理论、创新扩展理论、交易成本理论等为理论基础，以技术接受模型、博弈论为主要研究方法，创新地提出了"技术信任－系统信任"的逻辑以及"技术网络－组织网络"的融合，对"区块链＋"生态农产品供应链的融合原理、路径和机制进行了系统研究。具体研究内容包括：供应链体系的构建、供应链经营主体信任关系的构建、区块链采用决策、经营模式创新、供应链监管治理等多个方面，取得的主要结论如下。

（1）信任对生态农产品供应链而言至关重要。区块链的价值不仅在于计算机技术，而且在于可以链接供应链中的经营主体，解决数字经济时代的信任难题，实现数字要素的价值传递。

（2）揭示了"技术信任－系统信任"的逻辑，发展了数字赋能理论。区块链的创新发展和落地应用，需要构建一个由硬件和软件的"技术创新、模式创新、应用创新"闭环并不断迭代。"区块链＋"生态农产品供应链是技术网络与组织网络的深度融合，是通过技术要素产生数据要素，进而作用于生产要素，实现价值共创的过程。

（3）设计了"区块链＋"生态农产品供应链的体系。生态农产品供应链体系将成为供应链的核心竞争力。构建"区块链＋"生态农产品供应链的顶层设计方案。设计了"区块链＋"生态农产品的业务架构、应用架构、数据架构、协同模式，完成了区块链共识机制的设计。

（4）拓展了区块链的"技术接受模型"。通过对生态农产品供应链经营主体采用或不采用区块链技术的分析，研究给出了供应链经营主体采用区块链技术的最佳时机，同时也为早期阶段应用区块链的农企和平台提供了有价值的参考。

（5）发掘和深化了"区块链＋"生态农产品供应链的经营

模式研究。通过实地调研，概念化和数理模型化了"区块链＋"溯源认证、"区块链＋"电商两种创新的供应链经营模式。与传统的农产品供应链经营模式相比，这两种"区块链＋"的经营模式能使农企的收益产生溢出效应，并且能够增加消费者剩余。

（6）丰富和完善了生态农产品供应链监管机制。生态农业的发展不仅要立足于提升农产品质量安全，还应从政策体制上加以完善。提出用区块链构建生态农产品溯源的治理体系，形成事前、事中和事后动态监管的全效供应链治理机制。同时提出构建从被动溯源为具备追溯功能和全程监管功能的数字化供应链系统，以有效约束生态农产品生产者主体行为，促进与加工企业的合作。

第二节 研究展望

随着全球化的发展，越来越多的高端农产品被种植并进入精品超市或特许经营店。生态农产品作为高附加值产品之一，受到追求高质量生活的消费者的青睐。需求引导模型认为，一切技术创新活动和产业发展都是由市场需求来引导的（Mitchell and Schmookler，1968）。证据表明，生态农业的优势能够支持经济和社会的可持续发展。

我国区块链在数字农业领域的应用尚处于起步阶段。目前，区块链在生态农产品供应链领域落地还面临一些瓶颈：一是缺乏统一的区块链服务的技术标准，可推广的区块链典型创新应用不够丰富；二是投入成本和经济效益两者之间难以平衡，平台方一家独大，上游农企及中小型农户处于弱势地位毫无议价能力；三是链上数据与链下信息一致性难以保障，网络基础设施还有待进一步完善；四是供应链的经营模式创新还有待发掘；五是数据成为重要的生产要素，在"区块链＋"的背景下，数据资产如何定价实现价值转移还有待研究。未来的研究方向将主要集中在供应链的数据治理及如何创新"区块链＋"的应用生态方面。

附　　录

附录 A

工业和信息化部　中央网信办印发《关于加快推动区块链技术应用和产业发展的指导意见》关于加快推动区块链技术应用和产业发展的指导意见

各省、自治区、直辖市及计划单列市、新疆生产建设兵团工业和信息化主管部门、网信办：

区块链是新一代信息技术的重要组成部分，是分布式网络、加密技术、智能合约等多种技术集成的新型数据库软件，通过数据透明、不易篡改、可追溯，有望解决网络空间的信任和安全问题，推动互联网从传递信息向传递价值变革，重构信息产业体系。为贯彻落实习近平总书记在中央政治局第十八次集体学习时的重要讲话精神，发挥区块链在产业变革中的重要作用，促进区块链和经济社会深度融合，加快推动区块链技术应用和产业发展，提出以下意见。

一、总体要求

（一）指导思想

以习近平新时代中国特色社会主义思想为指导，深入贯彻落实党的十九大和十九届二中、三中、四中、五中全会精神，立足新发展阶段、贯彻新发展理念、构建新发展格局，围绕制造强国和网络强国战略部署，以培育具有国际竞争力的产品和企业为目标，以深化实体经济和公共服务领域融合应用为路径，加强技术攻关，夯实产业基础，壮大产业主体，培育良好生态，实现产业基础高级化和产业链现代化。推动区块链和互联网、大数据、人工智能等新一代信息技术融合发展，建设先进的区块链产业体系。

（二）基本原则

应用牵引。发挥市场优势，以应用需求为导向，积极拓展应用场景，推进区块链在重点行业、领域的应用，以规模化的应用带动技术产品迭代升级和产业生态的持续完善。

创新驱动。坚持把区块链作为核心技术自主创新的重要突破口，明确主攻方向，加大投入力度，推动协同攻关，提升创新能力；坚持补短板和锻长板并重，推动产业加速向价值链中高端迈进。

生态培育。充分发挥企业在区块链发展中的主体作用，加快培育具有国际竞争力的产品和企业，构建先进产业链，打造多方共赢的产业体系。

多方协同。推动整合产学研用金各方力量，促进资源要素快捷有效配置。加强政府、企业、高校、研究机构的协同互动，探索合作共赢新模式。

安全有序。坚持发展与安全并重，准确把握区块链技术产业发展规律，加强政策统筹和标准引导，强化安全技术保障能力建设，实现区块链产业科学发展。

（三）发展目标

到 2025 年，区块链产业综合实力达到世界先进水平，产业初具规模。区块链应用渗透到经济社会多个领域，在产品溯源、数据流通、供应链管理等领域培育一批知名产品，形成场景化示范应用。培育 3～5 家具有国际竞争力的骨干企业和一批创新引领型企业，打造 3～5 个区块链产业发展集聚区。区块链标准体系初步建立。形成支撑产业发展的专业人才队伍，区块链产业生态基本完善。区块链有效支撑制造强国、网络强国、数字中国战略，为推进国家治理体系和治理能力现代化发挥重要作用。

到 2030 年，区块链产业综合实力持续提升，产业规模进一步壮大。区块链与互联网、大数据、人工智能等新一代信息技术深度融合，在各领域实现普遍应用，培育形成若干具有国际领先水平的企业和产业集群，产业生态体系趋于完善。区块链成为建设制造强国和网络强国，发展数字经济，实现国家治理体系和治理能力现代化的重要支撑。

二、重点任务

（一）赋能实体经济

1. 深化融合应用。发挥区块链在优化业务流程、降低运营成本、建设可信体系等方面的作用，培育新模式、新业态、新产业，支撑数字化转型和产业高质量发展。

2. 供应链管理。推动企业建设基于区块链的供应链管理平台，融合物流、信息流、资金流，提升供应链效率，降低企业经营风险和成本。通过智能合约等技术构建新型协作生产体系和产能共享平台，提高供应链协同水平。

3. 产品溯源。在食品医药、关键零部件、装备制造等领域，用区块链建立覆盖原料商、生产商、检测机构、用户等各方的产品溯源体系，加快产品数据可视化、流转过程透明化，实现全生命周期的追踪溯源，提升质量管理和服务水平。

4. 数据共享。利用区块链打破数据孤岛，实现数据采集、共享、分析过程的可追溯，推动数据共享和增值应用，促进数字经济模式创新。利用区块链建设涵盖多方的信用数据平台，创新社会诚信体系建设。

（二）提升公共服务

1. 推动应用创新。推动区块链技术应用于数字身份、数据存证、城市治理等公共服务领域，支撑公共服务透明化、平等化、精准化，提升人民群众生活质量。

2. 政务服务。建立基于区块链技术的政务数据共享平台，促进政务数据跨部门、跨区域的共同维护和利用，在教育就业、医疗健康和公益救助等公共服务领域开展应用，促进业务协同办理，深化"一网通办"改革，为人民群众带来更好的政务服务体验。

3. 存证取证。利用区块链建立数字化可信证明，在司法存证、不动产登记、行政执法等领域建立新型存证取证机制。发挥区块链在版权保护领域的优势，完善数字版权的确权、授权和维权管理。

4. 智慧城市。利用区块链促进城市间在信息、资金、人才、征信等方面的互联互通和生产要素的有序流动。深化区块链在信息基础设施建设领域的应用，实现跨部门、跨行业的集约部署和共建共享，支撑智慧城市建设。

（三）夯实产业基础

1. 坚持标准引领。推动区块链标准化组织建设，建立区块链标准体系。加快重点和急需标准制定，鼓励制定团体标准，深入开展标准宣贯推广，推动标准落地实施。积极参加区块链全球标准化活动和国际标准制定。

2. 构建底层平台。在分布式计算与存储、密码算法、共识机制、智能合约等重点领域加强技术攻关，构建区块链底层平台。支持利用传感器、可信网络、软硬件结合等技术加强链上链下数据协同。推动区块链与其他新一代信息技术融合，打造安全可控、跨链兼容的区块链基础设施。

3. 培育质量品牌。鼓励区块链企业加强质量管理，推广先进质量工程技术和方法，提高代码质量和开发效率。发展第三方质量评测服务，构建区块链产品和服务质量保障体系。引导企业主动贯标，开展质量品牌建设活动。

4. 强化网络安全。加强区块链基础设施和服务安全防护能力建设，常态化开展区块链技术对重点领域安全风险的评估分析。引导企业加强行业自律，建立风险防控机制和技术防范措施，落实安全主体责任。

5. 保护知识产权。加强区块链知识产权管理，培育一批高价值专利、商标、软件著作权，形成具有竞争力的知识产权体系。鼓励企业探索通过区块链专利池、知识产权联盟等模式，建立知识产权共同保护机制。

（四）打造现代产业链

1. 研发区块链"名品"。整合产学研用专业力量，开展区块链产品研发，着力提升产品创新水平。面向防伪溯源、数据共享、供应链管理、存证取证等领域，建设一批行业级联盟链，加大应用推广力度，打造一批技术先进、带动效应强的区块链"名品"。

2. 培育区块链"名企"。统筹政策、市场、资本等资源，培育一批具有国际竞争力的区块链"名企"，发挥示范引领作用。完善创新创业环境，培育孵化区块链初创企业；鼓励在细分领域深耕，走专业化发展道路，打造一批独角兽企业。引导大企业开放资源，为中小企业提供基础设施，构建多方协作、互利共赢的产业生态。

3. 创建区块链"名园"。鼓励地方结合资源禀赋，突出区域特色和优势，按照"监管沙盒"理念打造区块链发展先导区。支持基础条件好的园区建设区块链产业"名园"，优化政策、人才、应用等产业要素配置，通过开放应用场景等方式，支持区块链企业集聚发展。

4. 建立开源生态。加快建设区块链开源社区，围绕底层平台、应用开发框架、测试工具等，培育一批高质量开源项目。完善区块链开源推进机制，广泛汇聚开发者和用户资源，大力推广成熟的开源产品和应用解决方案，打造良性互动的开源社区新生态。

5. 完善产业链条。坚持补短板和锻长板并重，开展强链补链，构建现代化的产业链。针对薄弱环节，组织上下游企业协同攻关，夯实产业基础；建立先进的产业链管理体系，增强产业链韧性。

（五）促进融通发展

1. 推进"区块链＋工业互联网"。推动区块链与标识解析融合创新，构建基于标识解析的区块链基础设施，提升"平台＋区块链"技术融合应用能力，打造基于区块链技术的工业互联网新模式、新业态。

2. 推进"区块链＋大数据"。加快建设基于区块链的认证可溯大数据服务平台，促进数据合规有序的确权、共享和流动，充分释放数据资源价值。发展基于区块链的数据管理、分析应用等，提升大数据管理和应用水平。

3. 推进"区块链＋云计算"。基于云计算构建区块链应用开发、测试验证和运行维护环境，为区块链应用提供灵活、易用、可扩展的支撑，降低区块链应用开发门槛。

4. 推进"区块链＋人工智能"。发展基于区块链的人工智能训练、算法共享等技术和方法，推动分布式人工智能模式发展。探索利用人工智能技术提升区块链运行效率和节点间协作的智能化水平。

三、保障措施

（一）积极推进应用试点。

支持具有一定产业基础的地方，面向实体经济和民生服务等重点领域，选择成熟的应用场景，遴选一批推广能力强的单位开展区块链应用试点，形成一批应用效果好的区块链底层平台、产品和服务。

（二）加大政策支持力度。

依托国家产业发展工程，支持区块链产业发展。通过组织区块链大赛等方式，丰富行业应用。支持符合条件的区块链企业享受软件税收优惠政策。探索利用首版次保险补偿、政府采购等政策，促进区块链研发成果的规模化应用。

（三）引导地方加快探索。

鼓励地方立足实际，研究制定支持区块链产业发展的政策措施，从用地、投融资、人才等方面强化产业发展的要素保障，建立区块链产品库和企业库。支持区块链发展先导区创建"中国软件名园"。

（四）构建公共服务体系。

支持专业服务机构发展区块链培训、测试认证、投融资等服务，完善产业公共服务体系。加强创业创新载体建设，加快对各类创新型区块链企业的孵化，支持中小企业成长。

（五）加强产业人才培养。

依托"新工科"和特色化示范性软件学院建设，支持高校设置区块链专业课程，开展区块链专业教育。通过建设人才实训基地等方式，加强区块链职业技术教育。培育产业领军型人才和高水平创新团队，形成一批区块链领域的"名人"。

（六）深化国际交流合作。

围绕"一带一路"倡议，建设区块链国际合作交流平台，在技术标准、开源社区、人才培养等领域加强区块链国际合作。鼓励企业拓展国际交流合作渠道，提升国际化发展水平和层次。

工业和信息化部

中央网络安全和信息化委员会办公室

2021 年 5 月 27 日

附录 B

成渝地区双城经济圈建设背景下
破解我市区块链产业发展瓶颈的对策建议①

胡森森

习总书记在中共中央政治局第十八次集体学习时指出，把区块链作为核心技术自主创新重要突破口，加快推动区块链技术和产业创新发展。2020 年中央一号文件也指出，要加快区块链等现代信息技术在农业领域的应用。2020 年 4 月 20 日，国家发改委首次明确了包括了以人工智能、云计算、区块链等为代表的新技术基础设施等新型基础设施的范围。区块链技术不仅是数据中心的底层技术，也是数字经济的重要基础设施，还深度融合行业应用，涵盖了数字经济的全产业链。

目前，全国已有 30 余省市出台了区块链支持政策，30 余所高校开设了区块链相关课程，38 个地方性区块链行业协会和 22 个区块链产业园区。根据赛迪区块链研究院联合发布的《2019 年中国区块链产业园发展报告》，我市区块链产业创新基地综合竞争力排名全国第五、进入第一梯队。特别是在当前成渝地区双城经济圈建设背景下，我市更要抢抓机遇，充分发

---

① 注：此文原载《重庆社科智库成果要报》2020 年第 7 期（总第 162 期），2023 年入编重庆市社会科学界联合会和重庆市社会科学发展中心出版的《成渝地区双城经济圈建设研究成果选编（第一辑）》

挥区块链产业发展上的后发优势，破解区块链产业发展的瓶颈，做大做强区块链产业，形成成渝共享共建共赢的良好势态。

一、我市区块链产业高质量发展的四个瓶颈

（一）区块链产业发展定位不够清晰

我市区块链相关产业建设起步较早，有较好的发展基础。2016年我市就已获批大数据区域示范类综合试验区；2019年底，我市与四川省同时获批国家级数字经济创新发展试验区（全国共6个）。2017年11月，重庆市区块链产业创新基地在渝中区成立。目前我市也正在积极创建国家级区块链产业园。但是调研显示，我市的区块链产业发展整体特色不明显、应用规模有限，尚未形成行业影响力和领导力，而且与成都还存在同质化竞争。特别是在新基建背景下，是着力建设区块链的数据计算中心，还是区块链平台，或是区块链运营中心，定位尚不够清晰。相比而言，成都天府软件园已经是国家级软件园，其IT产业中电子信息制造业和软件信息服务业各占50%，产业发展比较均衡；邻省贵州主打数据存储中心，并已经获批国家级大数据（贵州）综合试验区，许多做法值得借鉴。

（二）区块链产业生态有待完善

目前，我市区块链产业创新基地已有浪潮、IBM、启明星辰等40余家企业和机构落户，在谈企业30余家。同期，成都有35家区块链核心企业落户。北京、广州、杭州的区块链产业携互联网产业的存量优势，已经基本形成区块链产业链上游（硬件基础

设施和底层技术平台层)、中游(通用应用及技术扩展平台)及下游(定制各种不同种类的区块链行业应用)的生态。调研显示,在全国具有投入产出的 672 家区块链企业中,我市只有 7 家,约占 1.04%;四川占 20 家,约占 2.98%。我市不仅企业绝对数量少,而且没有从事基础和支撑技术的区块链上游企业,或是企业研发中心。这将导致我市的区块链应用企业的集聚受到制约。因此引进或孵化拥有基础和支撑技术的区块链软件公司,围绕核心研发企业做强产业链,是形成完整上中下游产业生态的重中之重。

(三)区块链应用企业优势不突出

一是本土区块链企业不足是最大的软肋。我市本土区块链公司只有金窝窝 1 家。二是缺乏涉及核心重点领域的公司。调查发现,在工信部赛迪公布的 40 家区块链重点企业中,我市有 2 家上榜,成都有 1 家,但我市仍然缺乏具备实力深耕的独角兽科技公司,也缺乏在全国叫得响的"链"上应用。三是缺乏金融科技类区块链企业。金融科技是以区块链技术为核心。2019 年全国区块链创业项目中,金融类项目占比已经高达 42.3%。调研发现,除了引进的蚂蚁金服,目前我市尚无其他从事金融科技的区块链公司,制约我市数字经济和支付产业的发展,尤其在数字货币呼之欲出的背景下,抢占金融科技的制高点必须引起高度重视。

(四)政策资金等软环境有待加强

根据国家信息中心发布的 2019 中国大数据发展指数,成都排名全国第五,位居中西部第一,我市名列 22 名,相比周边的贵阳还落后 6 名。2017 年以来，我市陆续出台了《关于加快区块链产业培育及创新应用的意见》《关于进一步促进区块链产业健康快速发展有关工作的通知》和《重庆市区块链数字经济产业园发展促进办法》等指导性文件，有力地推动了我市区块链产业发展，但在涉及技术奖励、人才扶持、金融支持、产业帮扶等方面，与广州、杭州、深圳等先进城市的差距仍然非常明显。具体表现在：一是尚无市级层面的专项区块链产业基金。目前全国已有 9 个地方设立了区块链产业基金，资金规模共 300 亿元左右，其中南京和杭州的基金规模最大，均为 100 亿元。二是在资金扶持力度方面有差距。2020 年我市提出对区块链数字经济产业园给予最高 300 万元补贴；而 2017 年成都高新区对区块链金融科技企业的最高补贴就达到 500 万元。三是在人才扶持、人才培养、人才配套等方面的具体办法和工作举措还不足。近期，围绕搭建成渝地区人才协同发展平台开展了一系列活动，但要真正形成区块链产业人才集聚高地，仍期待更多更好的办法和举措出台落实。

二、对策建议

（一）加强技术创新，组建国家级区块链研发中心和应用中心

一是以高水平建设中国西部（重庆）科学城为契机，充分利用我市 985、211 高校以及中科院在渝院所的科研优势，以区块链技术为核心突破口，联合申报或创建国家级重点实验室，形成科技创新→加速器孵化→科技成果转化为一体的示范基地。二是对接区块链产业创新基地，充分发挥研究中心等平台

对市场要素的汇聚作用，形成创新生态，构建产学合作格局。三是政府引导有资金、技术和数据运营能力的市场主体来渝设立研发中心，共同构建国家级区块链创新研发平台。重点关注具备底层技术，且研发和运营均可落地重庆的区块链平台企业。四是引导各大银行和金融机构在渝做大做强支付产业，争取未来数字货币的跨境支付、清算等服务节点设在重庆，成渝共建西部金融中心。需要注意的是，在当前成渝双城经济圈建设背景下，两地的数据（数字）试验区建设应当统筹推进，避免出现无序化、同质化竞争。

（二）强化融合应用，构建良好的区块链产业生态环境

一是稳妥布局区块链大数据交易所（平台），力争国字头牌照，形成"研发中心—数据中心—链—运营中心"一体化的产业生态链。统筹发展渝中区区块链创新基地、两江新区以及仙桃数据谷的大数据智能产业群，形成软、硬件研发、区块链平台（BaaS）、数据运营、行业应用等特色鲜明的产业生态。二是推动我市电子汽车等优势产业与成都互联网软件产业的融合发展，探索"工业互联网＋区块链"深度融合，形成相互接驳的企业集群。三是探索区块链与"渝新欧"等物流供应链协作融合，推动与成渝共建共享物流园。依托中欧班列，结合重庆西部进出口贸易中心枢纽港以及成都国际铁路港的区位优势，形成集供应链、物流、产品质量追溯为一体的区块链行业应用示范，全面提升国际物流通道服务功能。

（三）重视集聚效应，大力培育本土区块链人才和企业

一是加大区块链的人才储备。发挥成渝两地高校科研优势，

设置区块链技术应用相关专业；依托区块链实验室、人才实训基地，加快培育区块链技术应用专业人才；促进成渝两地区块链高端人才流动和交流，构建多渠道区块链高端研发人才立体引进网络。二是培植重庆本土的区块链企业，重点支持区块链平台企业和支付、物流、供应链应用领域的企业。全力扶持 2～3 家既具有底层技术又具备应用前景，且可以落地的本土企业。三是重点培育和引进与数字货币相关的研发企业，为打造西部金融中心储备产业力量。

（四）探索制度创新，营造有利于区块链发展的软环境

一是继续出台有竞争力的政策措施，与成都、广州的"链十条"2.0 版本和海南的"链六条"形成差异化竞争，加大政策、资金和人才扶持力度，积极营造良好的创新创业环境。二是设立成渝两地政府共同主导的区块链产业基金，由产业园、投资管理公司和政府共同出资，引导各类创资基金加大对种子期和初创期区块链企业的投入力度，按其实际投入研发经费给予补贴，并对规模以上的区块链企业给予一定的奖励。三是两地轮流定期举办高规格的产业峰会或国际会议，打造"激荡新思想、交流新技术、推动新应用"的区块链思想高地，提升我市区块链产业整体形象。

（五）提升服务水平，积极参与构建公共数据服务体系

一是针对疫情暴露出来的数据流通慢、共享难等问题，积极参与构建政府主导的区块链公共数据服务平台，集成各部门数据，提高社会治理数据科学性、有效性，探索成渝地区公共数据

治理的策略和措施。二是积极参与国家各部委的区块链开发项目，比如"天平链""仲裁链"等项目，争取一席之地并逐步形成特色。三是改进和完善我市现有的区块链政务平台，打造叫得响的渝派"链（平台）"和链上应用。

附录 C

2018 年中国区块链元年大事记

2018 年 1 月

1 月 11 日，区块链领域首个国家标准获批立项。

2018 年 2 月

2 月 2 日，解放军信息工程大学区块链研究院成立。

2 月 6 日，中国平安发布 BaaS 平台"壹账链"覆盖交易额超 12 万亿元。

2 月 13 日，雄安上线区块链租房应用平台。

2 月 17 日，百度区块链"莱茨狗"宣布将上线繁殖功能。

2018 年 3 月

3 月 12 日，工信部宣布筹建区块链技术标准委员会。

3 月 20 日，腾讯区块链落地物流场景，与中物联签署战略合作协议。

3 月 22 日，京东发布区块链技术白皮书涉及供应链、金融等五大领域。

3 月 28 日，工信部电子标准区块链研究院表示将发布区块链应用案例汇编。

2018 年 4 月

4 月 2 日，工信部下属信通院联合京东金融研究院发布《区块链金融应用白皮书》。

4月3日，中化集团实现全球首单有政府部门参与的能源出口区块链应用试点。

4月4日，泉州海关试水能源区块链应用项目。

4月9日，杭州成立"雄岸全球区块链百亿创新基金"。

4月12日，阿里云发布区块链解决方案，支持天猫奢侈品正品溯源。

4月18日，华为发布区块链白皮书。

4月24日，山西省利用区块链技术搭建"陕数通"平台实现政务数据交换。

2018 年 5 月

5月12日，2018区块链百人峰会乌镇论坛暨2018CIFC普众（乌镇）全球区块链大赛启动仪式在乌镇成功举行。

5月15日，工信部赛迪区块链研究院发布全球公有链技术评估指数。

5月20日，工信部信息中心联合起风财经发布《2018中国区块链产业白皮书》。

5月29日，360公司安全团队发现全球知名公链EOS一系列高危安全漏洞，该漏洞可以使得攻击者在EOS节点上远程执行任意代码。

5月31日，中国平安与深圳市政府签署战略合作协议，设立1500亿元发展基金。

2018 年 6 月

6月21日，中国区块链安全联盟在北京成立。

6月25日，蚂蚁金服上线全球首个基于区块链的电子钱包跨境汇款服务，并且现场完成了第一笔汇款。

6月26日，苏宁消费金融通过独立部署节点成功接入苏宁联盟链。

6月27日，《区块链＋赋能数字经济》在贵阳中国国际大数据产业博览会举行正式对外首次发布。

6月28日，杭州互联网法院首次确认区块链电子存证具备法律效力。

6月29日，国家工信安全中心发布电子数据保全平台，利用区块链进行验证和追溯。

2018年7月

7月28号，中国移动、中国联通、中国电信和华为联手推动中国电信行业区块链应用的发展。

7月31号，中国农业银行使用区块链系统完成了价值30万美元的贷款发放。

2018年8月

8月1日，中国农业银行总行上线了基于区块链的涉农互联网电商融资系统，并于当日成功完成首笔线上订单支付贷款。

8月10日，腾讯推出全国首张区块链电子发票在深圳亮相。

8月29日，百度旗下北京鼎鹿中原科技公司，注资5000万元成立了度链网络科技（海南）有限公司。

8月29日，京东集团下属全平台云计算综合服务提供商京东云宣布，与澳大利亚的莫纳什大学就区块链签署战略合作协议。

2018 年 9 月

9 月 3 日，汇桔网发布全国首张区块链版权登记证书，开启数字版权与区块链技术新纪元。

9 月 4 日，"粤港澳大湾区贸易金融区块链平台"在深圳试运行。

9 月 13 日，蚂蚁金服和上海复旦大学附属华山医院合作推出全国首个区块链电子处方。

2018 年 10 月

10 月 8 日，海南省工信厅正式授牌海南生态软件园设立"海南自贸区（港）区块链试验区"，是目前国内正式授牌的首个区块链试验区。

10 月 16 日，北京市海淀区西北旺镇人民政府与百度签署合作协议，通过百度区块链、人工智能、大数据、云计算等关键技术，双方将共建智慧西北旺，构建中关村科学城新型城市形态。

10 月 19 日，国家互联网信息办公室发布关于《区块链信息服务管理规定（征求意见稿）》公开征求意见的通知。

10 月 24 日，国家互联网应急中心将与长沙经开区签约成立全国首个区块链安全技术检测中心，打造区块链代码审计、区块链金融风控平台，维护一个安全的区块链世界。

10 月 30 日，苏宁金融研究院对外发布《2018 金融消费升级报告》，区块链等新技术使中国金融科技迎来窗口红利期。

10 月 30 日，意大利国家部长会议主席秘书长西蒙·瓦伦特（Simone Valente）在"中国－欧美产业投资对接会"上表示，区块链是意大利近期发展的重点，中国是最理想的合作伙伴。

10 月 31 日，中国区块链生态联盟在京发布《区块链行业自律倡议书》。

2018 年 11 月

11 月 5 日，佛山市禅城区召开"区块链 + 社区矫正"项目上线新闻发布会。

11 月 20 日，浙江大学区块链研究中心、杭州趣链科技有限公司联合成立的浙江省区块链技术研究院在杭州揭牌。

11 月 22 日，中国区块链技术产业生态大会将于在重庆隆重召开。

11 月 23 日，中国信通院金融科技研究中心将于发布《数字金融反欺诈——洞察与攻略》白皮书。

11 月 27 日，上海市政府与百度公司今天在沪签署战略合作框架协议。

2018 年 12 月

12 月 6 日，中国区块链生态联盟理事会及区块链项目融投资和落地对接会在青岛召开。

12 月 7 日，由中国电子信息产业发展研究院、青岛市崂山区人民政府指导，赛迪（青岛）区块链研究院、赛迪智库网络空间研究所主办的 2018 中国区块链生态建设峰会在青岛举办。

12 月 14 日，中国金融认证中心（CFCA）发布《2018 中国电子银行调查报告》。

12 月 16 日，工信部下属的电子技术标准化研究院区块链研究室，发布了四项区块链团体标准，帮助中国区块链行业在国际标准制定中取得先机。

12月23日，国家互联网信息办公室发布《区块链信息服务管理规定》。

参 考 文 献

［1］曹裕，余振宇，万光羽．新媒体环境下政府与企业在食品掺假中的演化博弈研究［J］．中国管理科学，2017，25（6）：179－187．

［2］曾维炯，徐立成．高端农产品价格的"最后一公里"与产业链的失衡发展：基于黑龙江五常市"五常大米"的实证分析［J］．中国农村观察，2014（2）：84－91．

［3］陈冬冬．农户信任关系及其演化：基于农业供应链的研究［J］．商业研究，2010（4）：83－87．

［4］常伟．基于联盟链平台的药品互联网零售模式构建［J］．中国流通经济，2019，297（6）：14－23．

［5］崔占峰，徐冠清，王瑾珑．信任重建：有机农业追溯－信任体系的区块链嵌入探索［J］．科技管理研究，2021，41（16）：130－137．

［6］戴勇，唐书传，殷正元．食品供应链可追溯系统实施的激励机制设计［J］．华东师范大学学报（哲学社会科学版），2016，48（2）：126－135，171．

［7］但斌，丁松，伏红勇．信息不对称下销地批发市场的生鲜供应链协调［J］．管理科学学报，2013，16（10）：40－50．

［8］邓宏图，马太超.农业合约中保证金的经济分析：一个调查研究［J］.中国农村观察，2019，146（2）：4-19.

［9］范冬雪，曾能民，张朝辉.考虑零售商公平偏好的代销直供供应链决策研究［J］.软科学，2020，34（5）：88-93.

［10］冯春，高文达，李启洋，等.双渠道农产品供应链网络协调与利益分配［J］.江苏农业科学，2018，46（22）：364-368.

［11］付豪，赵翠萍，程传兴.区块链嵌入、约束打破与农业产业链治理［J］.农业经济问题，2019（12）：108-117.

［12］顾焕章.我国生鲜农产品流通渠道的优化研究［J］.农业经济问题，2021（1）：144.

［13］关婷，薛澜，赵静.技术赋能的治理创新：基于中国环境领域的实践案例［J］.中国行政管理，2019（4）：58-65.

［14］何炳华，宋国防.考虑学习成本的供应链知识共享博弈分析［J］.情报杂志，2010，29（10）：126-129.

［15］胡森森，黄珊.区块链构建农产品供应链信任：现状、问题与发展［J］.重庆工商大学学报（社会科学版），2021，38（4）：26-35.

［16］黄季焜，王济民，解伟，等.现代农业转型发展与食物安全供求趋势研究［J］.中国工程科学，2019，21（5）：1-9.

［17］黄建华，夏旭，李忠诚，等.基于动态授权的信任度证明机制［J］.软件学报，2019（9）：2593-2607.

［18］黄先海，宋学印.赋能型政府：新一代政府和市场关

系的理论建构 [J]. 管理世界, 2021, 37 (11): 41 – 55. DOI: 10. 19744/j. cnki. 11 – 1235/f. 2021. 0170.

[19] 黄祖辉, 梁巧. 小农户参与大市场的集体行动: 以浙江省箬横西瓜合作社为例的分析 [J]. 农业经济问题, 2007, 28 (9): 66 – 71.

[20] 霍红, 詹帅. 集成供应链视角下农产品质量安全全过程监管体系构建 [J]. 中国科技论坛, 2019 (8): 105 – 113.

[21] 靳淑平. 北京郊区农民技术采用状况及影响因素研究 [D]. 北京: 中国农业科学院, 2009.

[22] 雷星晖, 余黎峰. 供应链信任管理体系构建研究 [J]. 当代财经, 2009 (9): 78 – 81.

[23] 冷凯君, 马士华, 潘林, 等. 湖北农产品供应链高质量发展现状与对策研究 [J]. 供应链管理, 2020, 1 (2): 22 – 32.

[24] 李春发, 冯立攀. 随机需求多渠道供应链 Stackelberg 协调博弈分析 [J]. 计算机集成制造系统, 2014, 20 (9): 2313 – 2319.

[25] 李道亮, 张立伟. 农业信息技术与现代农业发展 [J]. 中国农村科技, 2007 (12): 30 – 31.

[26] 李坚飞, 孙梦霞, 任理. 新零售服务供应链线下服务质量稳态的动力机制 [J]. 系统工程, 2018, 36 (6): 79 – 89.

[27] 李娜, 裴旭东, 李随成, 黄聿舟. 学习敏捷性对企业集成供应商创新性的影响 [J]. 软科学, 2019, 33 (4): 57 – 61.

［28］李文华，刘某承，闵庆文．中国生态农业的发展与展望［J］．资源科学，2010，32（6）：1015－1021．

［29］李晓，刘正刚．基于区块链技术的供应链智能治理机制［J］．中国流通经济，2017，31（11）：34－44．

［30］李怡，柯杰升．三级数字鸿沟：农村数字经济的收入增长和收入分配效应［J］．农业技术经济，2021（8）：119－132．

［31］李勇建，陈婷．区块链赋能供应链：挑战、实施路径与展望［J］．南开管理评论，2021，24（5）：192－201，212，202－203．

［32］梁喜，肖金凤．基于区块链和消费者敏感的双渠道供应链定价与渠道选择［J/OL］．中国管理科学，2023，31（5）：29－38．

［33］林强，刘名武，王晓斐．嵌入区块链信息传递功能的绿色供应链决策［J/OL］．计算机集成制造系统：（2021－10－08）［2021－11－09］．http：//kns. cnki. net/kcms/detail/11. 5946. tp. 20211006. 1222. 006. html.

［34］林岩，陈燕．供应链下游企业的知识对上游企业的延迟促进作用［J］．中国科技论坛，2011（10）：82－88．

［35］刘刚．服务主导逻辑下的农产品电商供应链模式创新研究［J］．商业经济与管理，2019（2）：5－11．

［36］刘亮，李斧头．考虑零售商风险规避的生鲜供应链区块链技术投资决策及协调［J］．管理工程学报，2022，36（1）：159－171．

[37] 刘露，李勇建，姜涛. 基于区块链信用传递功能的供应链融资策略 [J]. 系统工程理论与实践，2021，41（5）：1179 - 1196.

[38] 刘如意，李金保，李旭东. 区块链在农产品流通中的应用模式与实施 [J]. 中国流通经济，2020，34（3）：43 - 54.

[39] 卢强，李辉. 消费者有机农产品购买意愿的模型构建及实证 [J]. 中国流通经济，2015，29（9）：98 - 107.

[40] 芦千文. 区块链加快农业现代化的理论前景、现实挑战与推进策略 [J]. 农村经济，2021，（1）：126 - 136.

[41] 陆杉. 农产品供应链成员信任机制的建立与完善：基于博弈理论的分析 [J]. 管理世界，2012（7）：172 - 173.

[42] 罗廷锦，茶洪旺."数字鸿沟"与反贫困研究：基于全国 31 个省市面板数据的实证分析 [J]. 经济问题探索，2018（2）：11 - 18，74.

[43] 马胡杰，石肖然. 供应链成员的信任关系与合约弹性：一个多重中介效应模型 [J]. 管理工程学报，2016（3）：161 - 169.

[44] 彭建仿. 农业社会化服务供应链的形成与演进 [J]. 华南农业大学学报（社会科学版），2017，16（4）：45 - 52.

[45] 綦良群，吴佳莹，王智慧. 先进制造企业协同创新网络知识共享的演化博弈 [J/OL]. 计算机集成制造系统：1 - 23（2022 - 03 - 17）[2022 - 04 - 07]. http：//kns. cnki. net/kcms/detail/11. 5946. tp. 20220314. 1950. 039. html.

[46] 钱建平，杨信廷，吉增涛，等. 农产品追溯系统的追溯粒度评价模型构建及应用 [J]. 系统工程理论与实践，2015，35（11）：2950－2956.

[47] 乔琳，丁莹莹. 供应链企业间合作行为对企业间合作绩效的影响 [J]. 统计与决策，2019（11）：186－188.

[48] 邱泽奇，张樹沁，刘世定，等. 从数字鸿沟到红利差异：互联网资本的视角 [J]. 中国社会科学，2016（10）：93－115＋203－204.

[49] 屈冬玉. 农业信息化必将为中国经济转型提供广阔空间 [J]. 中国合作经济，2016（9）：30－32.

[50] 阮俊虎，刘天军，冯晓春，等. 数字农业运营管理：关键问题、理论方法与示范工程 [J]. 管理世界，2020，36（8）：222－232.

[51] 商燕劼，庞庆华. 供应链企业间战略共识如何影响技术创新绩效：知识共享与供应链协同的作用 [J]. 科技进步与对策，2021，38（11）：125－134.

[52] 尚杰，吉雪强，陈玺名. 区块链与生态农业产业链结合：机理、机遇与对策 [J]. 农村经济，2021（1）：119－125.

[53] 邵奇峰，张召，朱燕超，等. 企业级区块链技术综述 [J]. 软件学报，2019，30（9）：2571－2592.

[54] 生吉萍，莫际仙，于滨铜，等. 区块链技术何以赋能农业协同创新发展：功能特征、增效机理与管理机制 [J]. 中国农村经济，2021（12）：22－43.

［55］宋华，韩思齐，刘文诣．数字技术如何构建供应链金融网络信任关系？［J］．管理世界，2022，38（3）：182－200．

［56］孙传恒，于华竟，徐大明，等．农产品供应链区块链追溯技术研究进展与展望［J］．农业机械学报，2021，52（1）：1－13．

［57］孙梅，张敏新，李广水．"农户＋餐饮企业"有机农产品供应链模式构建研究［J］．中国管理科学，2020，28（9）：98－105．

［58］孙睿，何大义，苏汇淋．基于演化博弈的区块链技术在供应链金融中的应用研究［J/OL］．中国管理科学：1－18（2022－03－18）［2022－04－15］．

［59］孙淑慧，苏强．重大疫情期医药研究报道质量监管四方演化博弈分析［J］．管理学报，2020，17（9）：1391－1401．

［60］覃汉松，欧阳梓祥．供应链中信任关系的建立和发展［J］．经济管理，2002（16）：58－61．

［61］田应东，杨文胜，王亚萌，等．电子优惠券营销市场参与主体决策行为演化博弈研究［J］．软科学，2020，34（8）：123－132．

［62］万宝瑞．我国农村又将面临一次重大变革："互联网＋三农"调研与思考［J］．农业经济问题，2015，36（8）：4－7．

［63］汪普庆，瞿翔，熊航．区块链技术在食品安全管理中的应用研究［J］．农业技术经济，2019（9）：82－90．

［64］汪普庆，熊航，瞿翔，等．供应链的组织结构演化与

农产品质量安全：基于 NetLogo 的计算机仿真 [J]．农业技术经济，2015（8）：64 - 72.

[65] 王丽杰，冯岩岩．交易费用视角下的供应链合作企业间的信任机制研究 [J]．理论探讨，2011（2）：87 - 90.

[66] 王旭坪，马睿泽，阮俊虎，等．区块链环境下农户和合作社上链行为网络演化博弈 [J]．管理工程学报，2022（3）：225 - 235.

[67] 王永钦，刘思远，杜巨澜．信任品市场的竞争效应与传染效应：理论和基于中国食品行业的事件研究 [J]．经济研究，2014，49（2）：141 - 154.

[68] 威廉姆森．资本主义经济制度：论企业签约与市场签约 [M]．段毅才等译．北京：商务印书馆，2002.

[69] 魏延安．农村电商：互联网 + 三农案例与模式 [M]．北京：电子工业出版社，2017.

[70] 温铁军，唐正花，刘亚慧．从农业 1.0 到农业 4.0 生态转型与农业可持续 [M]．北京：东方出版社，2021.

[71] 吴林海，钟颖琦，山丽杰．公众食品添加剂风险感知的影响因素分析 [J]．中国农村经济，2013（5）：45 - 57.

[72] 夏显力，陈哲，张慧利，等．农业高质量发展：数字赋能与实现路径 [J]．中国农村经济，2019（12）：2 - 15.

[73] 邢明．优质农产品流通对农民增收的影响：以五常大米为例 [J]．安徽农业科学，2014，42（3）：910 - 911.

[74] 徐杰，李果林．风险收益动态视角下政府与社会资本合作演化博弈分析 [J]．软科学，2020，34（6）：126 - 130.

[75] 许竹青，郑风田，陈洁．“数字鸿沟”还是“信息红利”？信息的有效供给与农民的销售价格——一个微观角度的实证研究 [J]．经济学（季刊），2013，12（4）：1513 - 1536.

[76] 鄢章华，滕春贤，刘蕾．供应链信任传递机制及其均衡研究 [J]．管理科学，2010，23（6）：64 - 71.

[77] 闫妍，张锦．基于区块链技术的供应链主体风险规避研究 [J]．工业工程与管理，2018，23（6）：37 - 46.

[78] 杨丰梅，王安瑛，吴军，等．基于博弈论的 C2B2C 模式下电商信用监管机制研究 [J]．系统工程理论与实践，2017（8）：2102 - 2110.

[79] 杨慧琴，孙磊，赵西超．基于区块链技术的互信共赢型供应链信息平台构建 [J]．科技进步与对策，2018，35（5）：21 - 31.

[80] 杨丽芬，屈燕林，郭建伟．五常大米产业发展的利弊分析及对策 [J]．安徽农业科学，2013，41（28）：11518 - 11519 + 11539.

[81] 杨嵘均，操远芃．论乡村数字赋能与数字鸿沟间的张力及其消解 [J]．南京农业大学学报（社会科学版），2021，21（5）：31 - 40.

[82] 杨松，庄晋财，王爱峰．惩罚机制下农产品质量安全投入演化博弈分析 [J]．中国管理科学，2019，27（8）：181 - 190.

[83] 杨肖丽，孙亚男，张萍．消费者有机农产品信任度决定因素分析：基于沈阳市的调查 [J]．经济经纬，2016，33

（6）：36 – 41.

［84］叶初升，孙永平．信任问题经济学研究的最新进展与实践启示［J］．国外社会科学，2005（3）：9 – 16.

［85］叶谦吉．生态农业［M］．重庆：重庆出版社，1988.

［86］殷浩栋，霍鹏，肖荣美，等．智慧农业发展的底层逻辑、现实约束与突破路径［J］．改革，2021（11）：95 – 103.

［87］于亢亢．农产品供应链信息整合与质量认证的关系：纵向一体化的中介作用和环境不确定性的调节作用［J］．南开管理评论，2020，23（1）：87 – 97.

［88］于宁．我国农产品流通的网络建设和信任提升［J］．农业经济问题，2010（6）：13 – 18.

［89］袁勇，王飞跃．区块链技术发展现状与展望［J］．自动化学报，2016，（4）：481 – 494.

［90］张标，张领先，傅泽田，王洁琼．基于采纳视角的农业信息技术应用关键因素识别［J］．农机化研究，2018，40（6）：1 – 8，58.

［91］张夏恒．基于区块链的供应链管理模式优化［J］．中国流通经济，2018，32（8）：42 – 50.

［92］张旭梅，陈伟，张映秀．供应链企业间知识共享影响因素的实证研究［J］．管理学报，2009，6（10）：1296 – 1301.

［93］张旭梅，张玉蓉，朱庆，等．供应链企业间的知识市场及其交易模型研究［J］．管理工程学报，2008（3）：79 – 83.

［94］张延龙．信任困境，合作机制与"资产收益扶贫"产业组织发展：一个农业龙头企业垂直解体过程中的策略与实践

[J]. 中国农村经济, 2019, 418 (10): 81 - 97.

[95] 张肇中, 张莹. 食品安全可追溯与可追责的理论与仿真模拟 [J]. 系统工程, 2018, 36 (7): 75 - 83.

[96] 赵丙奇, 章合杰. 数字农产品追溯体系的运行机理和实施模式研究 [J]. 农业经济问题, 2021 (8): 52 - 62.

[97] 赵晓飞. 我国现代农产品供应链体系构建研究 [J]. 农业经济问题, 2012 (1): 15 - 22.

[98] 郑琪, 范体军, 张磊. "农超对接" 模式下生鲜农产品收益共享契约 [J]. 系统管理学报, 2019, 28 (4): 742 - 751.

[99] 周树华, 张正洋, 张艺华. 构建连锁超市生鲜农产品供应链的信息管理体系探讨 [J]. 管理世界, 2011 (3): 1 - 6.

[100] 朱峰, 赵晓飞. 中国农产品渠道联盟信任机制构建 [J]. 农业经济问题, 2011 (8): 88 - 94.

[101] 朱立龙, 姚昌. 竞争生产商分销渠道产品质量策略 Stackelberg 博弈分析 [J]. 科研管理, 2013, 34 (9): 139 - 150.

[102] 朱秋博, 白军飞, 彭超, 等. 信息化提升了农业生产率吗? [J]. 中国农村经济, 2019 (4): 22 - 40.

[103] 朱兴雄, 何清素, 郭善琪. 区块链技术在供应链金融中的应用 [J]. 中国流通经济, 2018, 32 (3): 111 - 119.

[104] Abeyratne S A, Monfared R P. Blockchain ready manufacturing supply chain using distributed ledger [J]. International Journal of Research in Engineering and Technology, 2016, 5 (9): 1 - 10.

[105] Agbo M, Rousselière D, & Salanié J. Agricultural mar-

keting cooperatives with direct selling: A cooperative-non-cooperative game [J]. Journal of Economic Behavior & Organization, 2015, 109, 56 – 71.

[106] Alfian G, Syafrudin M, Farooq U, et al. Improving efficiency of RFID-based traceability system for perishable food by utilizing IoT sensors and machine learning model [J]. Food Control, 2020, 110: 107016.

[107] Alfian G, Rhee J, Ahn H, Lee J, Farooq U, Ijaz M F & Syaekhoni M A. Integration of rfid, wireless sensor networks, and data mining in an e-pedigree food traceability system [J]. Journal of Food Engineering, 2017, 212: 65 – 75.

[108] Alonso R S, Sitton-Candanedo I, Garcia O, et al. An intelligent Edge-IoT platform for monitoring livestock and crops in a dairy farming scenario [J]. Ad hoc networks, 2020, 98 (Mar.): 102047. 1 – 102047. 23.

[109] Alrawais A, Alhothaily A, Hu C. & Cheng X. Fog computing for the internet of things: Security and privacy issues [J]. IEEE Internet Computing, 2017, 21, 34 – 42.

[110] Antonucci F, Figorilli S, Costa C, et al. A review on blockchain applications in the agri-food sector [J]. Journal of the Science of Food and Agriculture, 2019, 99 (14): 6129 – 6138.

[111] Aung M M & Chang Y S. Traceability in a food supply chain: Safety and quality perspectives [J]. Food Control, 2014, 39: 172 – 184.

［112］Azzi R，Chamoun R K，and Sokhn M. The Power of a Blockchain-Based Supply Chain ［J］. Computers & Industrial Engineering，2019（135）：582 – 592.

［113］Azzurra A，Massimiliano A，& Angela M. Measuring sustainable food consumption：A case study on organic food ［J］. Sustainable Production and Consumption，2019，17：95 – 107.

［114］Baralla G，Pinna A，Corrias G. Ensure traceability in European food supply chain by using a blockchain system ［C］. 2019 IEEE/ACM 2nd International Workshop on Emerging Trends in Software Engineering for Blockchain（WETSEB）. IEEE，2019：40 – 47.

［115］Behnke K，Janssen M. Boundary conditions for traceability in food supply chains using blockchain technology ［J］. International Journal of Information Management，2020，52：101969.

［116］Browne R. There were more than 26000 new blockchain projects last year-only 8% are still active ［EB/OL］. （2017 – 11 – 9）［2023 – 12 – 3］. https：//www. cnbc. com/2017/11/09/just-8-percent-of-open-source-blockchain-projects-are-still-active. html.

［117］Bugday A，Ozsoy A，Öztaner S M，et al. Creating consensus group using online learning based reputation in blockchain networks ［J］. Pervasive and Mobile Computing，2019，59：101056.

［118］Bumblauskas D，Mann A，Dugan B，et al. A blockchain use case in food distribution：Do you know where your food has been？［J］. International Journal of Information Management，2019：102008.

［119］Bumblauskas D，Mann A，Dugan B，& Rittmer J. A

blockchain use case in food distribution: Do you know where your food has been? [J]. International Journal of Information Management, 2020, 52: 102008.

[120] Canavari M, Pignatti E, & Spadoni R. Trust within the organic food supply chain: The role of the certification bodies [EB/OL]. (2006) [2023 – 12 – 3]. http://ageconsearch. umn. edu/record/7736.

[121] Cao B, Zhang Z, Feng D, et al. Performance analysis and comparison of PoW, PoS and DAG based blockchains [R]. Digital Communications and Networks, 2020.

[122] Caro M, Ali M, Vecchio M, and Giaffreda R. Blockchain-Based Traceability in Agri Food Supply Chain Management: A Practical Implementation [C]. In 2018 IoT Vertical and Topical Summit on Agriculture-Tuscany (IOT Tuscany), 2018, 1 – 4. IEEE.

[123] Casino F, Kanakaris V, Dasaklis T K, et al. Modeling food supply chain traceability based on blockchain technology [J]. IFAC – PapersOnLine, 2019, 52 (13): 2728 – 2733.

[124] Chen S, Liu X, Yan J. et al. Processes, benefits, and challenges for adoption of blockchain technologies in food supply chains: a thematic analysis [J]. Inf Syst E – Bus Manage, 2021 (19): 909 – 935.

[125] Chen T, Ding K, Hao S, Li G, & Qu J. Batch-based traceability for pork: A mobile solution with 2d barcode technology [J]. Food Control, 2020, 107: 106770.

［126］Choi T M. Blockchain-technology-supported platforms for diamond authentication and certification in luxury supply chains ［J］. Transportation Research Part E Logistics and Transportation Review, 2019, 128: 17 - 29.

［127］Choi T M, Feng L and Li R. Information Disclosure Structure in Supply Chains with Rental Service Platforms in the Blockchain Technology Era ［J］. International Journal of Production Economics, 2020, 221: 107473.

［128］Christidis K, Devetsikiotis M. Blockchains and smart contracts for the internet of things ［J］. IEEE Access, 2016, 4, 2292 - 2303.

［129］Christoph G. Schmidt, Stephan M. Wagner. Blockchain and supply chain relations: A transaction cost theory perspective ［J］. Journal of Purchasing and Supply Management, 2019, 25 (4): 100552.

［130］Chun B G, Ihm S, Maniatis P, Naik M, & Patti A. Clonecloud: Elastic execution between mobile device and cloud ［C］. In Proceedings of the Sixth Conference on Computer Systems EuroSys '11, 2011, 301 - 314.

［131］Claudine Antoinette Soosay and Paul Hyland. A decade of supply chain collaboration and directions for future research ［J］. Supply Chain Management: An International Journal, 2015, 20 (6): 613 - 630.

［132］Coase, R. H. The nature of the firm ［J］. Economica,

1937, 4 (16), 386 – 405.

［133］ Costa C, Antonucci F, Pallottino F, Aguzzi J, Sarri'D, & Menesatti P. A review on agri-food supply chain traceability by means of rfid technology ［J］. Food & Bioprocess Technology, 2013, 6: 353 – 366.

［134］ Coteur I, Marchand F, Debruyne L, et al. Structuring the myriad of sustainability assessments in agri-food systems: A case in Flanders ［J］. Journal of cleaner production, 2019, 209: 472 – 480.

［135］ Crowder D W & Reganold J P. Financial competitiveness of organic agriculture on a global scale ［C］. Proceedings of the National Academy of Sciences of the United States of America, 2015, 112, 7611 – 7616.

［136］ Dania W A P, Xing K, Amer Y. Collaboration behavioural factors for sustainable agri-food supply chains: A systematic review ［J］. Journal of cleaner production, 2018, 186: 851 – 864.

［137］ Daugbjerg C, Smed S, Andersen L M, & Schvartzman Y. Improving ecolabelling as an environmental policy instrument: Knowledge, trust and organic consumption ［J］. Journal of Environmental Policy & Planning, 2014, 16: 559 – 575.

［138］ Dave D, Parikh S, Patel R, et al. A Survey on Blockchain Technology and its Proposed Solutions ［J］. Procedia Computer Science, 2019, 160: 740 – 745.

［139］ Davis F D. Perceived usefulness, perceived ease of use, and user acceptance of information technology ［J］, MIS quarterly,

1989, 13 (3): 319 - 340.

[140] Demestichas K, Peppes N, Alexakis T, and Adamopoulou E. Blockchain in Agriculture Traceability Systems: A Review [J]. Applied Sciences, 2020, 10 (12): 4113.

[141] Durresi M. (bio) sensor integration with ict tools for supplying chain management and traceability in agriculture [M]. Biosensors for Sustainable Food-New Opportunities and Technical Challenges. Elsevier. Comprehensive Analytical Chemistry, 2016.

[142] Ellram L M, Tate W L, Billington C. Offshore outsourcing of professional services: a transaction cost economics perspective [J]. Journal of Operations Management, 2018, 26 (2), 148 - 163.

[143] Fang W, Zhang C, Shi Z, et al. BTRES: beta-based trust and reputation evaluation system for wireless sensor networks [J]. Journal of Network and Computer Applications, 2016, 59: 88 - 94.

[144] Feng H, Wang X, Duan Y, Zhang J, and Zhang X. Applying Blockchain Technology to Improve Agri-Food Traceability: A Review of Development Methods, Benefits, and Challenges [J]. Journal of Cleaner Production, 2020 (260): 121031.

[145] Fernqvist F, & Ekelund L. Credence and the effect on consumer liking of food-A review [J]. Food Quality & Preference, 2014, 32, 340 - 353.

[146] Figorilli S, Antonucci F, Costa C, Pallottino F, Raso L, Castiglione M, Menesatti P. A blockchain implementation prototype

for the electronic open source traceability of wood along the whole supply chain [J]. Sensors, 2018, 18: 3133.

[147] Fountas S, Carli G, Sørensen C, Tsiropoulos Z, Cavalaris C, Vatsanidou A, Tisserye B. Farm management information systems: Current situation and future perspectives [J]. Computers and Electronics in Agriculture, 2015, 115: 40 – 50.

[148] Friedman N, & Ormiston J. Blockchain as a sustainability-oriented innovation?: Opportunities for and resistance to Blockchain technology as a driver of sustainability in global food supply chains [J]. Technological Forecasting and Social Change, 2022, 175: 121403.

[149] Galvez J F, Mejuto J C, Simal-Gandara J. Future challenges on the use of blockchain for food traceability analysis [J]. TrAC Trends in Analytical Chemistry, 2018, 107: 222 – 232.

[150] Gambetta, D. Can we trust trust? Trust: Making and breaking cooperative relations [J]. Blackwell, 1988, 213 – 237.

[151] Garcia L P, Montresor, A, Epema, D, Datta, A, Higashino, T, Iamnitchi, A. Edge-centric computing: Vision and challenges [J]. SIGCOMM Computer Communication Review, 2015, 45: 37 – 42.

[152] George R V, Harsh H O, Ray P, et al. Food quality traceability prototype for restaurants using blockchain and food quality data index [J]. Journal of Cleaner Production, 2019, 240: 118021.

[153] Giampietri E, Verneau F, Del Giudice T, et al. A Theo-

ry of Planned behaviour perspective for investigating the role of trust in consumer purchasing decision related to short food supply chains [J]. Food Quality and Preference, 2018, 64: 160 – 166.

[154] Gomiero T. Food quality assessment in organic vs. conventional agricultural produce: findings and issues [J]. Applied Soil Ecology, 2018, 123, 714 – 728.

[155] Guo X, Cheng L, Liu J. Green supply chain contracts with eco-labels issued by the sales platform: profitability and environmental implications [J]. International Journal of Production Research, 2019, 58 (2): 1 – 20.

[156] Hang L, Ullah I, Kim D H. A secure fish farm platform based on blockchain for agriculture data integrity [J]. Computers and Electronics in Agriculture, 2020, 170: 105251.

[157] Hastig G, Sodhi M S. Blockchain for Supply Chain Traceability: Business Requirements and Critical Success Factors [J]. Production and Operations Management, 2020, 29 (4): 935 – 954.

[158] Hawlitschek F, Notheisen B & Teubner T. The limits of trust-free systems: A literature review on blockchain technology and trust in the sharing economy [J]. Electronic Commerce Research and Applications, 2018, 29: 50 – 63.

[159] Hayati H, Nugraha I G B B. Blockchain Based Traceability System in Food Supply Chain [C]. International Seminar on Research of Information Technology and Intelligent Systems (ISRITI), 2018, 120 – 125. IEEE.

［160］ Helo P, Hao Y. Blockchains in operations and supply chains: A model and reference implementation ［J］. Computers & Industrial Engineering, 2019, 136, 242 – 251.

［161］ Hong W, Cai Y, Yu Z, et al. An agri-product traceability system based on iot and blockchain technology ［C］. 1st IEEE International Conference on Hot Information-Centric Networking (HotICN). IEEE, 2018: 254 – 255.

［162］ Hong W, Mao J, Wu L, Pu X. Public cognition of the application of blockchain in food safety management—Data from China's Zhihu platform ［J］. Journal of Cleaner Production, 2021, 303: 127044.

［163］ Hu S, Huang S, Huang J, et al. Blockchain and Edge Computing Technology Enabling Organic Agricultural Supply Chain: A Framework Solution to Trust Crisis ［J］. Computers & Industrial Engineering, 2021, 153: 107079.

［164］ Iansiti M, Lakhani K R. The Truth About Blockchain ［J］. Harvard Business Review 2017 (95): 118 – 127.

［165］ Ivanov D, Dolgui A, Sokolov B. The Impact of Digital Technology and Industry 4.0 on the Ripple Effect and Supply Chain Risk Analytics ［J］. International Journal of Production Research, 2019, 57 (3): 829 – 846.

［166］ Janssen M, Hamm U. Product labelling in the market for organic food: Consumer preferences and willingness-to-pay for different organic certification logos ［J］. Food Quality and Preference, 2012,

25, 9 – 22.

[167] Jiawei Tao, Hongyan Dai, Hai Jiang & Weiwei Chen. Dispatch optimisation in O2O on-demand service with crowd-sourced and in-house drivers [J]. International Journal of Production Research, 2021 (59): 20, 6054 – 6068.

[168] Kamilaris A, Fonts A, Prenafeta-boldv F. The Rise of Blockchain Technology in Agriculture and Food Supply Chains [J]. Trends in Food Science & Technology, 2019 (91): 640 – 652.

[169] Karim L, Mahmoud Q H, Nasser N, & Khan N. An integrated framework for wireless sensor network management [J]. Wireless Communications & Mobile Computing, 2014, 14: 1143 – 1159.

[170] Katz V. Regulating the sharing economy [J]. Berkeley Technology Law Journal, 2015, 30: 1067 – 1126.

[171] Kochovski P, Gec S, Stankovski V, Bajec M, & Drobintsev P D. Trust management in a blockchain based fog computing platform with trustless smart oracles [J]. Future Generation Computer Systems, 2019, 101: 747 – 759.

[172] Köhler S, Pizzol M. Technology Assessment of Blockchain-Based Technologies in the Food Supply Chain [J]. Journal of Cleaner Production, 2020, 269: 122193.

[173] Kotilevets I D, Ivanova I A, Romanov I O, et al. Implementation of directed acyclic graph in blockchain network to improve security and speed of transactions [J]. IFAC – PapersOnLine, 2018,

51（30）：693 – 696.

［174］ Kshetri N. 1 blockchain's roles in meeting key supply chain management objectives ［J］. International Journal of Information Management, 2018, 39：80 – 89.

［175］ Kshetri N, DeFranco J. The Economics Behind Food Supply Blockchains ［J］. Computer, 2020, 53（12）：106 – 110.

［176］ Kunpeng Li, Jun-Yeon Lee & Amir Gharehgozli. Blockchain in food supply chains：a literature review and synthesis analysis of platforms, benefits and challenges ［J］. International Journal of Production Research, 2023, 61：11, 3527 – 3546.

［177］ Leng K, Bi Y, Jing L, Fu H C, Nieuwenhuyse I V. Research on agricultural supply chain system with double chain architecture based on blockchain technology ［J］. Future Generation Computer Systems, 2018, 86：641 – 649.

［178］ Lezoche M, Hernandez J, Diaz M M A, et al. Agri-food 4. 0：a survey of the supply chains and technologies for the future agriculture ［J］. Computers in Industry, 2020, 116.

［179］ Li J F, Wang Z X. Research on Coordination of Multi-Product "Agricultural Super-Docking" Supply Chain ［J］. Procedia Manufacturing, 2019, 30, 560 – 566.

［180］ Liu M, Zhang X, Wu H. The impact of platform restriction on manufacturer quality transparency in the blockchain era ［J］. International Journal of Production Research, 2021：1 – 17.

［181］ Liu R, Gao Z, Nayga Jr R M, et al. Consumers' valuation for food traceability in China：Does trust matter？［J］. Food Policy，2019，88：101768.

［182］Liu Z，Li Z. A blockchain-based framework of cross-border e-commerce supply chain［J］. International Journal of Information Management，2020，52：102059.

［183］Longo F，Nicoletti L，Padovano A，et al. Blockchain-enabled supply chain：An experimental study［J］. Computers & Industrial Engineering，2019，136：57 – 69.

［184］Longo F，Nicoletti L，Padovano A. Estimating the Impact of Blockchain Adoption in the Food Processing Industry and Supply Chain［J］. International Journal of Food Engineering，2020，16（5 – 6）：1 – 18.

［185］Luu L，Chu D H，Olickel H，Saxena P，Hobor A. Making smart contracts smarter［C］. Paper Presented at the ACM SIGSAC Conference on Computer and Communications Security，2016.

［186］Mark Barratt. Understanding the meaning of collaboration in the supply chain［J］. Supply Chain Management：An International Journal，2004，9（1）：30 – 42.

［187］Milford A B，Lien G，Reed M. Different sales channels for different farmers：local and mainstream marketing of organic fruits and vegetables in norway［J］. Journal of Rural Studies，2021，88，279 – 288.

［188］Milgrom，P，Roberts J. The economics of modern manufacturing：technology，Strategy，and Organization［J］. American

Economic Review, 1990, 80 (3), 511 – 528.

[189] Milgrom P, Qian Y, Roberts J. Complementarities, Momentum, and the Evolution of Modern Manufacturing [J]. American Economic Review, 1991, 81 (2), 84 – 88.

[190] Milgrom P, Roberts J. Complementarities and fit strategy, structure, and organizational change in manufacturing [J]. Journal of Accounting and Economics, 1995, 19 (2 – 3), 179 – 208.

[191] Mims C. Why blockchain will survive, even if Bitcoin doesn't [J]. The Wall Street Journal, 2018, 3.

[192] Mitchell B R, Schmookler J. Economic Growth [J]. Economic Journal, 1968, 78 (309): 135.

[193] Mondal S, Wijewardena K P, Karuppuswami S, et al. Blockchain inspired RFID-based information architecture for food supply chain [J]. IEEE Internet of Things Journal, 2019, 6 (3): 5803 – 5813.

[194] Morais R, Silva N, Mendes J, Ad˜ao T, P'adua L, L'opez-Riquelme J, Peres E. mysense: A comprehensive data management environment to improve precision agriculture practices [J]. Computers and Electronics in Agriculture, 2019, 162: 882 – 894.

[195] Naik G, Suresh D N. Challenges of creating sustainable agri-retail supply chains [J]. IIMB management review, 2018, 30 (3): 270 – 282.

[196] Narasimhan R, Swink M, Viswanathan S. On Decisions for Integration Implementation: An Examination of Complementarities

Between Product-Process Technology Integration and Supply Chain Integration [J]. Decision Sciences, 2010, 41 (2): 355 – 372.

[197] Nash K S. Business Interest in Blockchain Picks up while Cryptocurrency Causes Conniptions [J]. The Wall Street Journal, 2018, 2.

[198] Niu B Z, Shen Z F, Xie F F. The value of blockchain and agricultural supply chain parties'participation confronting random bacteria pollution [J]. Journal of Cleaner Production, 2021, 319: 128579.

[199] Notheisen B, Cholewa J B, Shanmugam A P. Trading real-world assets on blockchain [J]. Business & Information Systems Engineering, 2017, 59: 1 – 16.

[200] Notheisen B, Hawlitschek F, Weinhardt C. Breaking down the blockchain hype-towards a blockchain market engineering approach [C]. In: Paper Presented at the ECIS, 2017.

[201] Nuttavuthisit K, Thøgersen J. The importance of consumer trust for the emergence of a market for green products: The case of organic food [J]. Journal of Business Ethics, 2017, 140: 1 – 15.

[202] Pan J, McElhannon J. Future edge cloud and edge computing for internet of things applications [J]. IEEE Internet of Things Journal, 2018, 5: 439 – 449.

[203] Pappa I C, Iliopoulos C, Massouras T. What determines the acceptance and use of electronic traceability systems in agri-food supply chains? [J]. Journal of Rural Studies, 2018, 58: 123 – 135.

[204] Pathak S D, Day J M, Nair A, Sawaya W J, Kristal M M. Complexity and adaptivity in supply networks: Building supply network theory using a complex adaptive systems perspective [J]. Decision Sciences, 2007, 38: 547 – 580.

[205] Pearson S, May D, Leontidis G, Swainson M, Brewer S, Bidaut L, Zisman A. Are distributed ledger technologies the panacea for food traceability? [J]. Global Food Security, 2019, 20: 145 – 149.

[206] Pournader M, Shi Y, Seuring S, Koh S. Blockchain Applications in Supply Chains, Transport and Logistics: A Systematic Review of the Literature [J]. International Journal of Production Research, 2020, 58 (7): 2063 – 2081.

[207] Queiroz M M, Wamba S F. Blockchain Adoption Challenges in Supply Chain: An Empirical Investigation of the Main Drivers in India and the USA [J]. International Journal of Information Management, 2019, 46: 70 – 82.

[208] Rahmann G, Ardakani M R, B`arberi P, Boehm H, Canali S, Chander M, GalvisMartinez A C. Organic agriculture 3. 0 is innovation with research [J]. Organic Agriculture, 2017, 7, 1 – 29.

[209] Ren W, Wan X, Gan P. A double-blockchain solution for agricultural sampled data security in Internet of Things network [J]. Future Generation Computer Systems, 2021, 117, 453 – 461.

[210] Reyna A, Martín C, Chen J, et al. On blockchain and its integration with IoT. Challenges and opportunities [J]. Future gen-

eration computer systems, 2018, 88: 173 – 190.

[211] Rogers, Everett M. Diffusion of Innovations [M]. 2010, 4th Edition. Simon and Schuster.

[212] Ruiz-Garcia L, Lunadei L. The role of rfid in agriculture: Applications, limitations and challenges [J]. Computers and Electronics in Agriculture, 2011, 79: 42 – 50.

[213] Saak A E. Traceability and reputation in supply chains [J]. International Journal of Production Economics, 2016, 177: 149 – 162.

[214] Saberi S, Kouhizadeh M, Sarkis J, Shen L. Blockchain technology and its relationships to sustainable supply chain management [J]. International Journal of Production Research, 2019, 57, 2117 – 2135. https://doi. org/10. 1080/

[215] Sachin S K, Angappa G, Rohit S. Modeling the blockchain enabled traceability in agriculture supply chain [J]. International Journal of Information Management, 2020, 52: 101967.

[216] Salah K, Nizamuddin N, Jayaraman R, et al. Blockchain-based soybean traceability in agricultural supply chain [J]. IEEE Access, 2019, 7: 73295 – 73305.

[217] Schahczenski J, Schahczenski C. Blockchain and the Resurrection of Consumer Sovereignty in a Sustainable Food Economy [J]. Journal of Agriculture, Food Systems, and Community Development, 2020, 9 (3): 1 – 6.

[218] Shermin, V. Disrupting Governance with Blockchains and Smart Contracts [J]. Strategic Change, 2017, 26 (5): 499 – 509.

［219］Shi X T, Yao S N, Luo S Y. Innovative platform operations with the use of technologies in the blockchain era ［J］. International Journal of Production Research, 2023, 61: 11, 3651 – 3669.

［220］Shi W, Jie C, Quan Z, Li Y, Xu L. Edge computing: Vision and challenges ［J］. IEEE Internet of Things Journal, 2016, 3, 637 – 646.

［221］Stranieri S, Riccardi F, Meuwissen M, Soregaroli C. Exploring the Impact of Blockchain on the Performance of Agri-Food Supply Chains ［J］. Food Control, 2021 (119): 107495.

［222］Swan M. Blockchain: Blueprint for a New Economy ［M］. USA: O'Reilly Media Inc. , 2015.

［223］Szabo N. Formalizing and securing relationships on public networks ［EB/OL］. (1997 – 09 – 01) ［2023 – 12 – 3］. http: // ojphi. org/ojs/index. php/fm/article/view/548/469.

［224］Tapscott D, Tapscott A. How Blockchain Will Change Organizations ［J］. MIT Sloan Management Review, 2017, 58 (2): 10.

［225］Tate W L, Dooley K J, Ellram L M. Transaction cost and institutional drivers of supplier adoption of environmental practices ［J］. Journal of Business Logistics. 2011, 32 (1), 6 – 16.

［226］Thogersen J. Country differences in sustainable consumption: The case of organic food ［J］. Social Science Electronic Publishing, 2011, 30, 171 – 185.

［227］Thomas Å. Sunk Costs and the Depth and Probability of Technology Adoption ［J］. The Journal of Industrial Economics,

2004, 52 (3).

［228］Tian F. A supply chain traceability system for food safety based on HACCP, blockchain & Internet of things ［C］. International conference on service systems and service management. IEEE, 2017: 1 - 6.

［229］Tian F. An agri-food supply chain traceability system for China based on RFID & blockchain technology ［C］. 13th international conference on service systems and service management (ICSSSM). IEEE, 2016: 1 - 6.

［230］Tönnissen S, Teuteberg F. Analysing the impact of block-chain-technology for operations and supply chain management: An explanatory model drawn from multiple case studies ［J］. International Journal of Information Management, 2020, 52, 101953.

［231］Treiblmaier H, Sillaber C. The impact of blockchain on e-commerce: a framework for salient research topics ［J］. Electronic Commerce Research and Applications, 2021, 48: 101054.

［232］Tzounis A, Katsoulas N, Bartzanas T, Kittas C. Internet of things in agriculture, recent advances and future challenges ［J］. Biosystems Engineering, 2017, 164: 31 - 48.

［233］Valente T W, Rogers E M. The origins and development of the diffusion of innovations paradigm as an example of scientific growth ［J］. Science Communication, 1995, 16 (3), 242 - 273.

［234］Vega-Zamora M, Torres-Ruiz F J, Parras-Rosa M. Towards sustainable consumption: Keys to communication for improving trust in organic foods [J]. Journal of Cleaner Production, 2019, 216: 511 - 519.

[235] Wang Y, Singgih M, Wang J, Rit M. Making sense of blockchain technology: How will it transform supply chains? [J]. International Journal of Production Economics, 2019, 211: 221 - 236.

[236] Wang Z, Zheng Z E, Jiang, W, Tang S. Blockchain-enabled data sharing in supply chains: model, operationalization, and tutorial [J/OL]. Production and Operations Management. doi. org/10. 1111/poms. 13356.

[237] Westerkamp M, Victor F, Küpper A. Blockchain-based supply chain traceability: Token recipes model manufacturing processes [C]. IEEE International Conference on Internet of Things (iThings) and IEEE Green Computing and Communications (GreenCom) and IEEE Cyber, Physical and Social Computing (CPSCom) and IEEE Smart Data (SmartData). IEEE, 2018: 1595 - 1602.

[238] Williamson O E. Markets and Hierarchies [M]. New York, Free Press, 1975.

[239] Williamson, O. E. The Economic Institutions of Capitalism: Firms, Markets, Relational Contracting [J]. American Political Science Review, 1986, 80 (4): 1424 - 1425.

[240] Williamson, O. E., 1987. Transaction cost economics: the comparative contracting perspective [J]. Journal of Economic Behavior & Organization, 1987, 8 (4), 617 - 625.

[241] Wolfert S, Ge L, Verdouw C, Bogaardt M J. Big data in

smart farming-A review [J]. Agricultural Systems, 2017, 153: 69 – 80.

[242] Wu X Y, Fan Z P, Cao B B. An analysis of strategies for adopting blockchain technology in the fresh product supply chain [J]. International Journal of Production Research, 2021: 1 – 18.

[243] Xu X, Pautasso C, Zhu L, et al. The Blockchain as a Software Connector [C]. Working Ieee/ifip Conference on Software Architecture. IEEE, 2016: 182 – 191.

[244] Yadav R. Altruistic or egoistic: Which value promotes organic food consumption among young consumers? a study in the context of a developing nation [J]. Journal of Retailing and Consumer Services, 2016, 33: 92 – 97.

[245] Yang Y, Huisman W, Hettinga K, Liu N, Heck J, Schrijver G, van Ruth S. Fraud vulnerability in the dutch milk supply chain: Assessments of farmers, processors and retailers [J]. Food Control, 2019, 95: 308 – 317.

[246] Yi S, Hao Z, Qin Z, Li Q. Fog computing: Platform and applications [C]. In Third IEEE Workshop on Hot Topics in Web Systems and Technologies, 2015.

[247] Yu Y, Xiao T. Pricing and cold-chain service level decisions in a fresh agri-products supply chain with logistics outsourcing [J]. Computers & Industrial Engineering, 2017, 111: 56 – 66.

[248] Zhang S, Lee J H. Analysis of the main consensus protocols of Blockchain [J]. ICT Express, 2019.

［249］ Zhu K, Kraemer K L, Xu S. The process of innovation assimilation by firms in different countries: A technology diffusion perspective on e-business ［J］. Management Science, 2006, 52（10）: 1557 – 1576.

后 记

随着第四次工业革命向纵深发展，以区块链技术为代表的新质生产力时代悄然而至。区块链开放、可信、去中心化、共享的核心思想被大家广泛认可。区块链技术已经从概念走向了实际应用，"三农"领域的区块链创新应用还面临诸多机遇与挑战。2022年2月，习近平总书记在《求是》发表《不断做强做优做大我国数字经济》的文章，再次强调要促进数字技术和实体经济深度融合，赋能传统产业转型升级，催生新产业新业态新模式，不断做强做优做大我国数字经济。

《"区块链+"生态农产品供应链融合创新研究》（项目批准号：18BGL100），自2018年获得国家社会科学基金一般项目立项以来，团队在区块链与农产品供应链的融合、数字乡村建设等领域已取得一定的理论研究成果。

目前，在国内外重要刊物发表多篇高水平论文，其中《区块链构建农产品供应链信任：现状、问题与发展》《农业社会化服务供应链的商业模式创新》两篇论文被人大复印资料全文转载。关于区块链与生态农产品供应链融合顶层设计的论文被运筹与管理领域的老牌期刊《计算机与工业工程》（*Computers & Industrial Engineering*）刊载。电子工业出版社约稿出版了

《区块链：密码共识原理、产业与应用》阶段性研究成果，出版后几度售罄，连续重印三次，曾经连续几周位列当当网经济类畅销书榜。项目主持人也因此被电子工业出版社评为2019年优秀作者。为服务社会和咨政参考，由研究报告产生的阶段性研究成果同时形成了多篇决策建议。分别被《重庆社科智库成果要报》《科技工作者建议》《党外人士建言》等内参采纳，并被省部级领导给予肯定性批示。另外，课题负责人曾应邀为墨西哥政府中高级官员数字经济培训班、中国（重庆）与周边国家数字乡村振兴走廊建设中高级人才研修班做了"'区块链+'农产品供应链的融合"专题讲座，介绍了本课题的研究成果。

在研究过程中，我实地走访调研了阿里巴巴蚂蚁金服、杭州溪塔科技、重庆金窝窝网络科技、浪潮集团等区块链企业；江苏苏州市、宁波象山县、湖北公安县、贵州德江县、广东新会、重庆荣昌县、重庆巴南区、重庆永川区、安徽省砀山县、江西赣州市等地的农业种植基地、农业产业园以及农业示范区。通过调研访谈，我们积累了大量的一手资料和数据，明确了研究范围和方向。围绕"数据、信任、平台、应用、治理"等方面，进行了前瞻性探索性的研究。在本书的形成过程中，也得到了重庆市区块链数字经济产业园、电子科技大学经济与管理学院、重庆工商大学管理科学与工程学院、教育部人文社科重点研究基地——长江上游经济研究中心、杭州溪塔科技等多个单位的大力支持，在此一并表示衷心的感谢。

新冠疫情给调研带来了诸多不便。由于笔者及团队水平有限，加之区块链应用早期新模式新业态不断涌现，有些观点还待进一步探索和检验。因此，难免有不足之处，希望各位专家不吝赐教。

胡森森

2024 年 1 月